AGRADECIMIENTOS

Gracias a todos los que creyeron en mí y me dieron la oportunidad de crecer y aprender tanto de Dios como de la tecnología. A mis mentores, referentes y amigos: Lucas Leys, Esteban Fernández, Gastón Bruno, Junior Zapata, Fernando Altare, familia Seghezzo, Daniel y Laura Álvarez, Leonardo Ávalos, Ernesto y Javier Castillo, Carlos Felizzola y familia, Nicolás y Ani Polo, familia Ojeda, familia Palavecino, Héctor Teme, y tantos otros que estuvieron presentes para alentarme, desafiarme y sacar lo mejor de mí. A Leonel Rossi, por haberme conectado al mundo cristiano como nunca antes, y por acompañarme en la visión y ejecución de Emprendedores Cristianos. También a Melody, Juan, Martín, Sammy, Marce, Naty y todo el equipo de Especialidades Juveniles Argentina. A mis padres, hermanos y amigos, por enseñarme perseverancia, esfuerzo y pasión. A todos los que me desafiaron diciéndome que no podría lograr algo, a quienes me cerraron puertas y me cortaron algunas «plumas», pues eso me hizo dependiente de Dios en todo momento. A mi compañera de aventuras, mi esposa Bibiana, que permaneció a mi lado en los momentos más demandantes de nuestras vidas, y que se mantiene firme y me sostiene cuando estamos completamente solos: gracias por hacerme mejor persona, esposo, padre y cristiano cada día. A mis tres princesas, que se robaron mi corazón desde el día que nacieron, y que me hacen ver el mundo color de rosa cada día de mi vida. Y gracias especiales a Dios, porque sin él, no soy nada.

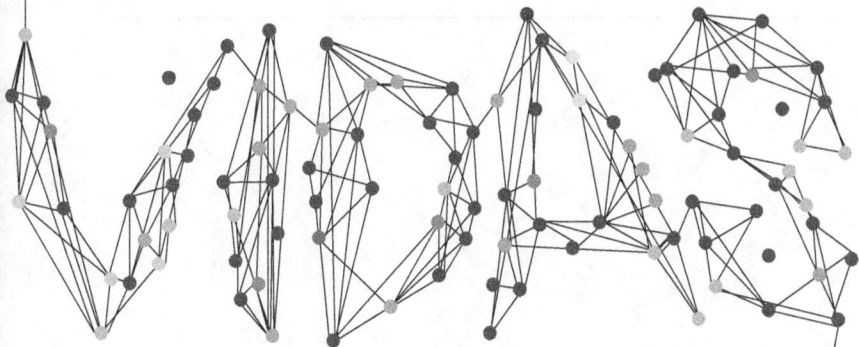

VIDAS CONECTADAS

EL USO DE LA WEB
Y LAS REDES SOCIALES
EN EL MINISTERIO

MATIAS_PATERLINI

La misión de Editorial Vida es ser la compañía líder en satisfacer las necesidades de las personas con recursos cuyo contenido glorifique al Señor Jesucristo y promueva principios bíblicos.

VIDAS CONECTADAS
Edición en español publicada por
Editorial Vida -2013
Miami, Florida

ISBN: 978-0-8297-6490-1

CATEGORÍA: Ministerio Cristiano/Juventud
        Christian Ministry/Youth

IMPRESO EN ESTADOS UNIDOS DE AMÉRICA
PRINTED IN THE UNITED STATES OF AMERICA

13 14 15 16 17 RRD 6 5 4 3 2 1

DEDICATORIA

Dedico este libro a mi esposa Bibiana y a mis hijas: Candela, Isabella y Araceli; son lo más importante que tengo en la vida. Y a todos los emprendedores que fracasaron alguna vez y siguieron intentando una y otra vez como yo, a quienes no se rinden.

PRÓLOGO

«El hombre que sigue aprendiendo a pesar de ser exitoso está empecinado en ser relevante».

Hace años conocí a Matías Paterlini en unos de mis seminarios de liderazgo. Luego seguimos en contacto «virtual» hasta que, en una mesa, pudimos sentarnos a compartir sueños y planes para nuestros ministerios (conste que, aunque varias veces alardeó y dice ser buen cocinero, siempre nos hemos encontrado en lugares neutrales).

Es un privilegio el hecho de que mi amigo me haya invitado a escribir el prólogo de su «opera prima» (muy probablemente si no lo hubiese hecho, se lo habría pedido). Este libro es parte de una de esas charlas de sobremesa, parte de una visión cumplida; y lo es porque, seguramente entre otros, hace tiempos le insistí en que plasmara en un libro todo ese conocimiento, estudiado y llorado, logrado a fuerza de toda esa energía emprendedora que pone en todos los asuntos que le interesan.

Para especializarse en el área de las redes sociales, en la cual es de los mejores, hay que leer mucho, sudar mucho, invertir mucho (con el sabido riesgo de que también se puede perder mucho). Por eso era importante que compartiera todo ese conocimiento y que ayudara a muchos de los lectores que quieran estar a la vanguardia desde sus plataformas, y hacerlo con el menor riesgo posible y con la mayor probabilidad de concretarlo muy bien, sin correr demasiados riesgos.

Si el lector compró este libro basado únicamente en el título, puede haber cometido un grave error. Si creyó que ya, para esta altura del partido, estaría sumergiéndose en una apasionada novela, o historia de encuentros o desencuentros... o si por un momento pensó que podía ayudarle a conseguir pareja por Internet, déjeme decirle que sí, efectivamente, el título lo engañó. *Vidas conectadas* trata simple y llanamente, de una forma amena, fluida y de fácil lectura, sobre el mundo de las comunicaciones en las redes sociales. Y cuando digo «simple», no desmerezco; por el contrario, la simpleza es una virtud y hablar de cosas tan complejas de una manera simple es una gran cualidad. Matías no le exigirá que entre o no en las redes, sino le enseñará a no caer en las redes de «la red». Obviamente que hay muchos peligros reales allí, pero también muchos prejuicios, la mayoría infundados. Por ejemplo, el que se diga que hay mucha gente que se divorcia por causa de las redes o que hay personas que pueden ser secuestradas por el solo hecho de estar en ese medio, o que promueven el chisme y la murmuración... creo que es un prejuicio. La verdad es que casi todas estas cosas pasaban mucho antes de la «red» y están instaladas en un lugar muy distinto al que llamamos «la nube»: el corazón humano.

Hay una manera positiva de participar en las redes sociales, de sacarles provecho y participar activamente, a fin de generar comunicaciones de ida y vuelta con tus contactos y sembrar buenas conexiones. No obstante, si se trata de que muestres ser lo que no eres, el doble ánimo es tuyo. Si no te comportas en la red de la misma manera que en la iglesia, el doblez es tuyo, pues cuando subes fotos que no estarías dispuesto a mostrar en el álbum familiar, insisto, el problema es tuyo. No le echemos la culpa a la red por acciones dudosas de nuestra parte.

En un mundo global es casi un paradigma imposible de cumplir pretender estar desconectados o ausentes de los medios de comunicación. El verdadero meollo es estar en las redes, pero sin caer en las trampas de las mismas; participar de estas, pero sin correr riesgos innecesarios o contaminarnos de contenidos peligrosos, o al menos confusos. La utilidad de este libro será muy valiosa si lo que buscas es eso, pues en el tema de redes sociales el autor es uno de los más calificados y utiliza nuestra propia pluma latinoamericana.

Matías va intercalando consejos muy útiles con experiencias de su vida. Él mismo se define como «usuario de las últimas tendencias», y te lo puedo garantizar. No puedes comentarle nada nuevo porque inmediatamente se pone a pensar cómo y cuándo implementarlo. Es un motivador, un innovador. Tiene una imaginación espectacular (ya te darás cuenta cuando llegues a leer sobre la manera diferente en que él actuó ante una gotera, por cierto muy diferente a lo que la mayoría de la gente lo haría).

Dios te puede presentar mucha gente con la que quiere que tengas proyectos de vida, ministeriales, laborales... pero si no inviertes a tiempo en hacer contactos, no podrás hallar las oportunidades que Dios te presentará a través de ellos. Matías sabe que estar conectados es importante, y sobre todo cuando Dios bendice esas «conexiones». A él le gusta estar bien conectado y lo agradece. Piensa que cuanto más relevante sea el nivel de los contactos, más relevante se volverá uno mismo.

Mi amigo Matías es un hombre íntegro, un esposo ejemplar, un padre extraordinario, un buen hijo y un hermano fiel. Además, es un empresario exitoso y un hombre de equipo; es un amigo al que le gusta rendir cuentas y abrir su vida para dejarse ver tal como es; es la antítesis del «llanero solitario» que tanto daño le puede hacer a cualquier ministerio o empresa, y que tan poco me simpatiza.

A Matías le deseo que este primer libro sea precisamente eso: el primero de una serie de muchos más que ayuden a traer un punto de vista actual, fresco, e interesante para la gente de hoy. Al lector le deseo que sea bendecido con cada una de las páginas de este libro, y que lo que lea, lo lleve de su cabeza a su corazón y luego lo ponga en acción. Después de todo, qué mejor mensaje que el que tenemos, ¿no? ¿Por qué no darlo a conocer a cuantos nos sea posible? Dejemos que nos sorprenda el Espíritu Santo.
Un abrazo y bendiciones,

Esteban R. Fernández
Pastor, comunicador, presidente de Sociedad Bíblica Internacional para Latinoamérica

INTRODUCCIÓN

Cuando me invitaron a escribir este libro, como soy casi un «nativo» digital, me pregunté: «¿Por qué una editorial cristiana cree que hace falta un libro como este cuando está súper claro lo importante que es la web y las redes sociales? ¿Acaso la iglesia no está usando estas herramientas todavía?».

No elegí responder esta pregunta por mi cuenta, sino que, primero, me dediqué a escuchar un buen tiempo a los líderes juveniles e investigar cuál es el nivel de aceptación y aprovechamiento de las redes sociales en las iglesias, para tener un diagnóstico lo más real posible. Luego de meses de análisis y al charlar con pastores, líderes, jóvenes, así como al revisar los perfiles de las iglesias en las redes sociales más importantes del momento, concluí que era imprescindible tratar estos temas a fondo, técnicamente, con el mayor de los fundamentos, pero sin ningún filtro.

En ese sentido, el objetivo principal de este libro es mejorar el uso que le damos a las redes sociales, tanto en nuestra vida personal como en la iglesia, y trabajar con algunas claves que nos permitirán «sacarle el jugo» a las redes sociales como nunca antes.

Durante los últimos años, cientos de marcas y corporaciones de primera línea contrataron mis servicios como desarrollador de aplicaciones integradas a redes sociales, y un gran número de universidades y entidades educativas me invitó a dar charlas sobre este fenómeno y cómo sacarle provecho. Sin embargo, mientras a nivel secular nos encontrábamos observando el nacimiento de la mayor revolución que hubo después del nacimiento de la Internet, las iglesias parecían no estar ni enteradas de esto. Recuerdo revisar los programas de los congresos cristianos más importantes del momento, y no había ni una sola charla que tratara estos temas; todavía hoy, al momento de escribir este libro, seguimos sin comprender la dimensión de lo que está ocurriendo, y muchos de nosotros seguimos en silencio ante ello.

A toda revolución le precede un revolucionario, que ve una necesidad u oportunidad y la toma, y marca la diferencia. Vivimos en un mundo revolucionado por la Internet, y las redes sociales han cambiado nuestra manera de relacionarnos, comunicarnos y conocernos. Así que, como iglesia, necesitamos estar a la altura de las circunstancia. ¿Queremos ser observadores de esta revolución, o ser parte de esta?

La palabra «iglesia» en griego es *eklesia*, y significa «los congregados». Facebook congrega diariamente a más de quinientos millones de personas tanto en la web como en los teléfonos móviles y, al mes, a más de 1.100 millones, entre los cuales están nuestros jóvenes, adultos y ancianos. Tenemos que abrir nuestro entendimiento a un nuevo modelo de iglesia, a una nueva manera de transferir el aprendizaje de la Palabra de Dios, pues, queramos o no, nuestra congregación ya se encuentra en las redes sociales, y pasan más tiempo allí que en la iglesia.

De modo que te invito a recorrer este libro, donde podrás encontrar herramientas, principios y consejos para potenciar tu forma de utilizar la web y las redes sociales en tu vida personal y ministerio, todo lo cual te ayudará a ampliar tu capacidad de generar impacto en las nuevas generaciones de una manera contundente.

¿POR QUÉ HAY QUE ESTAR EN LA WEB Y LAS REDES SOCIALES?

EL ORIGEN

Durante los últimos años tuve el placer y la oportunidad de seguir muy de cerca las redes sociales, al punto mismo de conocer en persona al fundador de Facebook, Mark Zuckerberg, y presentar mi empresa en varias oportunidades en sus oficinas en Silicon Valley a distintos directores de producto y desarrollo. Claro está que eso no sucedió de la noche a la mañana, sino que fue el resultado de trabajar mucho tiempo para construir aplicaciones integradas en Facebook, aproximadamente 300 hasta el momento, muchas más de lo que cualquier persona o empresa haya desarrollado en América Latina. Prácticamente estuve lanzando aplicaciones desde el inicio de la plataforma en 2007. Esa experiencia me permitió aprender no solo cómo hacer dinero con las redes sociales, sino entender la psicología de la gente en relación a las redes sociales: su forma de utilizarlas, de pasar tiempo allí, y la forma en que se relacionan con sus amistades y con las marcas que allí conviven.

Como cristiano que soy, siempre intenté tener una conducta intachable en las mismas, no solo porque es lo que corresponde, sino porque tenía a todos mis clientes como amigos y no podía darme el lujo de dar una mala impresión. Sin embargo, desde que Facebook llegó a mi país, Argentina, toda mi familia y amistades comenzaron a encontrarme, de modo que dejé de usar este medio estrictamente para mis labores a fin de convivir y leer permanentemente las actualizaciones de ellos y mis amigos y conocidos en el mundo cristiano.

Dado que mi trabajo depende de estar una increíble cantidad de tiempo con muchas ventanas de Facebook en el explorador, en oportunidades hasta dieciocho horas al día, permanentemente me encuentro con las publicaciones de otros, y eso me permitió ver de cerca la manera en que los cristianos nos movemos en las redes sociales.

Antes de hablar sobre la forma en que deberíamos usarlas o de hacer un análisis detallado sobre el uso que le damos, tema en el que ahondaremos en los siguientes capítulos, me gustaría comenzar hablando contigo sobre un punto superimportante y que ilustra muy bien el nombre de este capítulo: «¿Por qué hay que estar en la web y las redes sociales?».

DONDE ESTÁN LOS JÓVENES...

En los últimos años tuve el placer de hablarles y escuchar sobre redes sociales a miles de líderes. En general, cuando preguntaba cuántos de los que estaban allí las utilizaban, siempre había un noventa y nueve por ciento que levantaba sus manos. Esas eran manos, como acabo de mencionar, de líderes y pastores. Si la mayoría de ellos están allí, no es muy descabellado pensar que, de la misma manera, nuestros jóvenes e iglesia también deban estarlo, por lo menos en un mismo porcentaje. Como suelo decir en cada una de mis charlas: «La razón primordial para estar en las redes sociales es porque nuestros jóvenes ya están allí».

Nos guste o no, estemos de acuerdo con estas o no, y aunque les hayamos instruido que no estén allí, los jóvenes forman parte de ellas. Este punto es clave, especialmente porque si entiendes que tus jóvenes están ahí (y que si no aprenden a usar las redes correctamente, se pueden perder), aunque sea por cuidarlos, tú deberías instruirte y estar allí, entre ellos. Entender esto, para la mayoría, es muy simple. Una vez, durante una de mis presentaciones, un pastor se colocó de pie antes de que terminara y, delante de todos, a viva voz, me dijo: «Muy bien. Hasta hoy a la tarde les decía a los de mi iglesia y líderes que no usaran las redes sociales. Ahora, ¿cómo les digo lo contrario?». No hay nada de malo en no entender las redes sociales o el valor que estas agregan. Es solo que, una vez que vemos todo lo que se puede hacer, simplemente no podemos quedarnos de manos cruzadas. Si todavía no lo entendiste, te invito a que finalices el libro para tener argumentos concretos antes de definir si debes estar o no en las redes sociales; pero recuerda, mientras lo defines, hay una generación que ya lo tiene claro.

¿MALO O BUENO?

Hace no mucho tiempo me encontré en una convención de líderes en Orlando, Florida, para hablar sobre cómo sacarles provecho a las redes sociales y, al mismo tiempo, en otro salón había un pastor de cierto renombre que les decía a los líderes de jóvenes, entre otras cosas, que las redes sociales son del diablo, pero que él, como pastor, las usa solamente un poco porque su círculo íntimo de consejeros se lo había recomendado.

Si tomamos las cosas con resistencia, es como participar cojos en una carrera o utilizar bastón. Con mucha dificultad llegaremos al final, y definitivamente no ganaremos. Si vamos a participar en las redes sociales, tenemos que estar convencidos de su provecho y del valor que podemos encontrar, y más importante todavía... ¡el valor que podemos agregar allí!

SI TOMAMOS LAS COSAS CON RESISTENCIA, ES COMO PARTICIPAR COJOS EN UNA CARRERA O UTILIZAR BASTÓN. CON MUCHA DIFICULTAD LLEGAREMOS AL FINAL, Y DEFINITIVAMENTE NO GANAREMOS.

Cuando miramos el noticiero, sus informes nos abruman: las muertes, matanzas, asesinatos, la inflación, las guerras, etc. Y si bien ese contenido no es para nada edificante, no podemos echarle la culpa al noticiero por mostrar todo eso, porque es la realidad. En el mejor de los casos podemos elegir no verlo, pero no podemos culparlos. De la misma manera, cuando vemos que una persona acuchilla a su novia «doscientas veces», o que a un tal Jack se le ocurre «investigar» la anatomía humana con un bisturí sin ser doctor, no podemos echarle la culpa a los cuchillos o los bisturíes de que haya gente que los use mal. Esto puede parecer muy obvio, pero una de las razones por las cuales hoy podemos encontrar pastores o líderes que hablan en contra de las redes sociales, o peor todavía, que las prohíben en las iglesias, es por la cantidad de noticias violentas que ven donde hay una red social involucrada; es decir, engaños, secuestros, violaciones, y más. Este tipo de cosas no son ni malas ni buenas. Lo que determina su bondad o maldad es cómo las usamos.

Ni el noticiero ni el bisturí ni la red social son buenos o malos; es nuestra relación con estos medios o instrumentos lo que define si son inútiles, edificantes o provechosos. Si el noticiero te provoca hablar de forma negativa, tal vez no sea bueno que lo mires; si tienes problemas con la sexualidad, la fidelidad, o hablar de más, quizá una red social no sea buena para ti; pero esto no determina la bondad o maldad del noticiero o la red social, ya que solo es una herramienta que se usa bien o mal. El problema se inicia mucho antes de que alguien llegue a la red social, el noticiero, o el bisturí. Radica en nosotros.

Una de las excelentes razones para estar en las redes sociales es seguir a la gente que te influye de forma positiva. Hace poco leí en la cuenta de Twitter de Junior Zapata una frase increíble de Tim Keller: «Si Dios quitara todo el mal que hay en el mundo, no estaríamos aquí. El mal está en nosotros». Por lo tanto, es nuestra relación con estas herramientas que nos da el mundo y Dios lo que determina su valor o provecho, desde el poder hasta la fama, desde la web hasta la red social. Más adelante veremos cómo usarlas de una manera útil, moderada y responsable.

ACEPTAR LO DIFERENTE

En las conversaciones y en las relaciones humanas, muchas veces solemos creer que tenemos la verdad y el resto de las veces creemos que tenemos la razón.

Si a eso le agregamos la Biblia, que dice que la suma de la Palabra de Dios es verdad, y como nosotros los cristianos somos tan pero tan bíblicos, terminamos creyendo que somos portadores vivos de la verdad, y jugamos batallas interminables a fin de defender razones en vez de relaciones. **Cuando elegimos** interpretar la vida por medio de las personas, tenemos observaciones, juicios, puntos de vista, y no la verdad; podemos llegar a entender otras formas de ver las cosas, y descubrir otras que desconocemos. En este sentido, si le damos una oportunidad a las redes sociales para entender su utilidad, lo más probable es que, al final, terminen deslumbrándonos y que les encontremos un gran potencial; pero para eso hay que tener una actitud mental correcta.

EN LAS CONVERSACIONES Y EN LAS RELACIONES HUMANAS, MUCHAS VECES SOLEMOS CREER QUE TENEMOS LA VERDAD Y EL RESTO DE LAS VECES CREEMOS QUE TENEMOS LA RAZÓN.

QUITAR EL MIEDO

Mientras que algunos no se arriesgan a participar en las redes sociales porque están seguros de que son malas, e incluso encuentran versículos en la Biblia para sostener esto, hay otros que tal vez no permiten que las usen, o al menos no las usan por miedo.

Soy, desde pequeño, un amante de la astronomía (por si te asustas, no tiene nada que ver con la astrología). Hace unos días atrás le explicaba astronomía a mi hija, y le contaba de las maravillas de Dios en el universo; y mientras repasábamos la lista de planetas y sus lunas, recordé con particularidad las del planeta Marte, que tiene dos y se llaman Phobos y Deimos. Estos nombres se caracterizan por representar la palabra miedo y terror. Aplicando esto a nuestras vidas, quiere decir que Phobos es el miedo que te moviliza, que te llena de adrenalina para huir; y Deimos, el miedo que te paraliza, que te apresa, que te limita.

Hay personas que todavía hoy le temen a las redes sociales. Algunos se paralizan, no hacen nada y no dejan hacer nada por miedo a lo que escuchan en los medios, o por lo que les contaron pastores de otras iglesias; y hay otros que les temen y las atacan, en vez de sentarse a aprender de estas, a que les expliquen, a planear una estrategia a fin de conquistarlas para Cristo.

En la antigüedad se libraban muchas batallas, y Dios mismo habla en su Palabra sobre la importancia de estar preparado para la batalla, sobre planear estrategias, y más: «Bendito sea el Señor, mi Roca, que adiestra mis manos para la guerra, mis dedos para la batalla» (Salmo 144.1). Las redes sociales son el terreno sobre el cual se pelearán las nuevas batallas del cristianismo, y están tomando un lugar de poder en la sociedad, el poder del pueblo, de la mayoría y, en especial, de los jóvenes que son quienes mejor las manejan. Es por eso que no hay que tenerle miedo a las redes sociales, porque sería como tenerle miedo a una espada... a no ser que la tenga alguien que viene contra ti, no deberías temerle; pero si sabes utilizarla, incluso te podrás defender contra tu adversario. Así las cosas, entenderlas, saber usarlas y no tenerles miedo te volverá un guerrero preparado para las nuevas batallas que la sociedad nos presenta, en donde la viralidad de las opiniones, la masividad de las noticias y la inmediatez de las mismas determinará la regulación de nuevas leyes, determinará cuánto se acercan o se alejan de Dios las personas, y nuestra influencia dentro de estas redes será directamente proporcional a la capacidad de crear resultados en un mundo tan conectado como este en el que estamos empezando a vivir.

UN LINDO EJEMPLO

Si lo que acabas de leer te parece exagerado, me encantaría compartir contigo algunos números y ejemplos de lo que te digo, especialmente cómo las redes sociales pueden utilizarse.

Cuando Barack Obama decide presentarse como candidato presidencial en 2008, dos años antes de ser electo tenía claro que necesitaba ser muy bueno en el mundo digital y las redes sociales, pero no sabía bien cómo hacerlo. Entonces se le ocurrió contratar nada más y nada menos que a Chris Hughes, uno de los fundadores de Facebook, que hasta ese momento seguía trabajando allí y decidió dejar su posición en esa red para trabajar con él como su organizador online. Los «organizadores» en Estados Unidos se entienden como aquellos que reclutan gente para los partidos, que hacen encuestas para ver el nivel de influencia de un político antes de las elecciones, y realizan otro tipo de acciones de campaña. Chris, por su lado, había sido fundador, portavoz y director de productos por cuatro años de la red social, que ya en ese momento era la más popular del mundo. Con la visión de Barack y la experiencia de Chris fue suficiente para conseguirle al futuro presidente su primer periodo en los Estados Unidos, al construir una comunidad online llamada my.barackobama.com (myBO), que permitía reclutar seguidores, comunicarse directamente con los mismos, organizar donaciones, eventos de campaña, constituir grupos, etc. Al concluir la campaña, habían conseguido dos millones de perfiles en el sitio, formado 35 mil grupos de trabajo, posteado cuatrocientos mil blogs, organizado doscientas mil reuniones de campaña en distintas ciudades, y consiguieron treinta millones de dólares de donaciones, que obtuvieron de setenta mil sitios afiliados a la red social.

> **LAS REDES SOCIALES SON EL TERRENO SOBRE EL CUAL SE PELEARÁN LAS NUEVAS BATALLAS DEL CRISTIANISMO.**

ALGUNOS NÚMEROS

Al momento en que escribo este libro, Facebook cuenta con más de mil millones de usuarios activos mensuales, y más de quinientos millones de usuarios activos diariamente. Mientras que en Norteamérica la cantidad de usuarios asciende a 242 millones; en Suramérica ya hay 142 millones de usuarios, y en varios países de América Latina la penetración es increíble: más de un cincuenta por ciento del total de la población en Argentina y, en la mayoría de los otros países, una penetración mayor al noventa y cinco por ciento de los usuarios con Internet.

Twitter, por otro lado, no llega a los estándares de Facebook, pero mantiene una comunidad activa de doscientos millones de usuarios activos, y cuando hablo de activos, me refiero a que supera los 340 millones de tweets por día.

LAS REDES NO SE ESTÁN APAGANDO

El crecimiento que tuvieron estas redes sociales fue magnífico, pero si por alguna razón crees o escuchaste a alguien decir que están llegando a su fin, debes entender que en prácticamente todos los casos son campañas de fraude que intentan capturar tus datos de acceso, o difaman el nombre de Twitter o Facebook para conseguir visitas a sus sitios. Esto no es muy distinto de las cadenas de correos o los mensajes en el MSN Messenger que decían que Hotmail y el MSN iban a ser pagos, o que cerrarían porque había mucha gente, que les enviaras ese mensaje a diez amigos, para que no te cerraran la cuenta, etc. Eso lo hacían con el simple objetivo de crear listas de correos, donde había uno de todos esos que era recibido por un servidor que los procesaba y que le llegaban en copia y, de esa manera, esa gente hacía crecer una base de datos de correos interminable que luego vendían, o si no, te llenaban de spam las casillas de tus correos. Y eso no es muy distinto a las cadenas de correos que dicen que son en pro de niños con enfermedades terminales, que si lo reenvías, Google pagará un dólar por cada diez reenvíos, o aquellos Power Points con imágenes de paisajes y textos de la felicidad que nadie sabe quién los creó. Todo eso, al final, apunta a un solo objetivo: dinero.

LAS REDES SOCIALES SIGUEN CRECIENDO

Te puedo asegurar que las redes sociales no están desapareciendo, pues no son una moda, sino que vinieron para quedarse;

pero déjame contarte algunos datos más. Hace muy poco tiempo tuve la oportunidad de ver nuevamente en persona a Mark Zuckerberg, cuando luego de innumerables agresiones de la prensa sobre la valuación de la compañía, él explicó el objetivo de la compañía, su forma de trabajar y sus planes. En menos de tres meses, después de esa conferencia, el valor de las acciones de Facebook se duplicó. Sin ir más lejos, en el caso de Twitter, le tomó tres años, dos meses y un día llegar a los primeros mil millones de tweets. Hoy les toma menos de tres días llegar a la misma cifra. A Facebook le tomó un año llegar a su primer millón de usuarios. Si su crecimiento fuera lineal, debería haberle tomado mil años llegar a los mil millones de usuarios. Sin embargo, en septiembre de 2012 (ocho años después de su lanzamiento), los vimos festejar es sus oficinas cuando llegaron a los mil millones. Eso muestra que su crecimiento no es lineal, y absolutamente no está mermando. Al contrario, la única manera de llegar a ese número, siete años después, fue con un crecimiento exponencial.

TE PUEDO ASEGURAR QUE LAS REDES SOCIALES NO ESTÁN DESAPARECIENDO, PUES NO SON UNA MODA SINO QUE VINIERON PARA QUEDARSE.

Las redes sociales continúan creciendo en cantidad de usuarios y en tiempo que pasan las personas allí (incluidos los cristianos). Un reporte de enero de 2013 hecho por Facebook muestra que en Brasil, en los últimos dos años, aumentó más de un 200% la cantidad de tiempo que pasan las personas en esta red social: en promedio duran más de ocho horas por mes navegando, pero algunos usuarios pueden llegar a pasar esa cantidad de horas por día.

2

ENTIENDE
LAS VIDAS
CONECTADAS

UN MUNDO DISTINTO

Me atrevo a decir que, desde el nacimiento de la Internet, vivimos en un mundo distinto no solo por la cantidad de información y la velocidad de acceso a la misma; no solo por las nuevas costumbres que adoptamos como sociedad a nivel global, sino porque hay una nueva generación a la que podemos denominar los nativos digitales, que nacieron aprendiendo del medio tecnológico que los rodeaba: computadoras, celulares, TV digital, Internet, etc.

Tengo el placer de ser padre de tres princesas. Sus edades son dos, cuatro y seis años, y se llaman Araceli, Isabella y Candela respectivamente. Mi bebé de dos años sabe manejar el Smart TV Led, y es la cabecilla de la banda, la topadora que agarra el teléfono y se pasa horas hablando con sus tíos y abuelos. La de seis, Candela, maneja el sistema de DirecTV mejor que mi esposa o yo, y nos enseña cómo hacer esto y lo otro. Créeme que mi esposa y yo somos bien inteligentes y sabemos usar dicho control remoto, pero lo hacemos para tres cosas: mirar la guía de canales, poner a grabar una película y reproducir una de la lista de grabaciones. La diferencia con mis hijas, y en general con la nueva generación, es que ellas investigan todo, aprietan todos los botones. Ya no se comen los botones del celular de juguete como era hace años atrás, pues entienden que es más divertido e interesante descubrir las funcionalidades y la interactividad de un TV o un sistema de cable que apretar los botones de un celular de juguete que reproduce la misma música «diabólica» una y otra vez. Y ni hablar de la interactividad de las computadoras y los celulares, que son creados bajo altísimos estándares de usabilidad para que alguien de cualquier edad los entienda.

Hace pocos meses atrás mis empleados me mostraron un juego para el iPhone superadictivo, pero para el cual había que tener mucha destreza y velocidad en los dedos, y no solo con estos, sino también en el cerebro, a fin de tomar decisiones con base en los desafíos u obstáculos que se presentaban.

Me puse a jugar por tres horas, y luego de intentarlo muchas veces, logré llegar a un máximo de 5700 puntos, nada mal para un principiante. Y solo se guardaba la mejor jugada, porque no era un puntaje acumulativo. Entonces mi hija me pide el teléfono ese día, descubre ese juego (una de las características de mis hijas es que si les presto el teléfono, como se aburren tan rápido de todo, de repente encuentro veinte o treinta aplicaciones abiertas) y, en menos de dos horas, consigue un máximo de once mil puntos. Su proceso de adaptación es mucho mayor y mucho más veloz que el nuestro. Su cerebro es dinámico y rompe las barreras. Es por eso que, como padres, líderes y educadores, tenemos que entender a las nuevas generaciones para saber cómo enseñarles y cómo desarrollar su máximo potencial.

Si tú, como pastor o líder, te metes en las redes sociales con el gorrito del FBI, y comienzas tu operativo estilo SWAT y entras por la ventana y rompes todo cada vez que descubres algo que no te gusta en los perfiles de tus fieles, claramente no estás entendiendo el potencial de las redes sociales en el ministerio.

En los siguientes capítulos profundizaremos sobre las opciones que ofrecen la web y las redes sociales a un líder cristiano. Sin embargo, déjame hablarte un tiempo más sobre nuestro «target» u objetivo en este capítulo, que son aquellos quienes ya usan las redes sociales y la web.

LA WEB TRASCIENDE FRONTERAS
Mientras que hay una generación nueva que nació para estar conectada, hay otras que se están conectando, y cada vez les es más sencillo y provechoso.

Mi abuela materna falleció antes que nacieran las redes sociales, a sus ochenta y seis años de edad. Dos o tres años antes de morir, comenzó a utilizar la web para buscar información sobre sus intereses, unirse a grupos que compartían sus creencias religiosas, leer las noticias y conectarse con sus nietos e hijas que vivían lejos. Créeme que jamás aprendió a usar un celular. Era una ancianita que si la vieras por la calle, la ayudarías a cruzar. Siendo alemana, aunque pasó ochenta años en Argentina, nunca aprendió a pronunciar bien la palabra perro. Nunca antes había usado una computadora en su vida, y no fue sino hasta que pusieron Internet en su casa que descubrió la posibilidad de conectarse y de acceder a una cantidad de información ilimitada.

Una generación más abajo está mi madre, de sesenta y siete años, que pasa más tiempo en Internet que yo. Ella puede estar cientos de horas recopilando información para compartirla con sus amistades y escribir en el muro de todos sus hijos, pero pierde completamente la noción del tiempo en ello. Mientras escribía este libro, se encontró un nuevo pasatiempo y emprendimiento: dar clases de informática para ancianos.

La web, la informática y las redes sociales atravesaron todas las fronteras, las escalas sociales y las generaciones, y ya no es un tema exclusivo de la juventud, sino de todos.

GENERADORES DE INFORMACIÓN

Hay distintos tipos de usuarios en Internet y muchas clasificaciones: los que se destacan por su rol o actividad pasiva o activa en la web; los generadores de información; y los que la consumen.

Mientras que los generadores de información postean regularmente actualizaciones, suben imágenes, vídeos, participan de encuestas, compiten en juegos, discuten y crean estos escenarios, los consumidores observan todo eso, en ocasiones ponen un like o lo comparten en sus muros, y de vez en cuando hacen un comentario. De modo que existe toda una psicología detrás de esto, ya que, para algunas personas, el rechazo no es poca cosa.

Si subes un contenido en la web, digamos en tu blog, y no recibe visitas o jamás recibe un comentario, podríamos decir que no era bueno. Si cada vez que subes un artículo, jamás tiene repercusión, comienzas a pensar que no tienes nada bueno para decir, que nadie te lee, y pierdes rápidamente las ganas de seguir publicando materiales. Esta es la razón por la que innumerables blogs, me atrevo a decir que más del cincuenta por ciento, están siempre desactualizados o terminan siendo cerrados. Lo mismo pasa en las redes sociales. Si en cada contenido que subes tienes muy pocos me gusta, a veces un comentario y rara vez alguien comparte lo que escribes, esto puede percibirse como que no tienes nada bueno que decir.

Hay quienes no le dan la menor importancia a esto, y comparten esas cosas porque les divierte o por quedar bien con el pastor, y siguen publicando a pesar de la indiferencia de sus amigos. Estos son, sin duda, generadores de información, ¿pero cuál es su influencia?

Cuando hablamos de influencia, no nos referimos a la cantidad de amigos, ni de seguidores, ni de suscriptores, sino a cómo estás impactando a quienes ya te siguen. Hace poco estaba por hacer una presentación en Orlando, Florida y, previo a eso, conversaba con mi amigo Fernando Altare, que en breves palabras me explicaba que Especialidades Juveniles nunca habló de cantidades ni de llegar a multitudes, sino que el corazón de ellos se resume en la pregunta: ¿Dónde van a estar tus jóvenes dentro de diez años? Eso es influencia.

Por lo tanto, podemos utilizar las redes sociales para esto: formar parte de la vida de nuestros jóvenes y de todos en la iglesia, y que ellos vean de cerca un ejemplo, y que esto les motive.

Pablo decía: «Imítenme a mí, como yo imito a Cristo» (1 Corintios 11.1). ¿Es digno de imitar lo que haces y lo que dices en las redes sociales y la web? ¿Cristo lo imitaría? En el capítulo diez hablaremos más sobre el tipo de contenidos que generamos y cómo hacerlo adecuadamente. Volviendo al punto, los generadores de información tenemos una gran responsabilidad. En 2011, una estadística decía que menos del cinco por ciento de los usuarios de Twitter generan todo su contenido, y el resto contesta, marcan como favoritos, *retweetean* o bien no hacen nada; es decir, que el noventa y cinco por ciento de la gente se mueve en las redes sociales bajo los contenidos que genera solo un cinco por ciento.

LOS CONSUMIDORES DE INFORMACIÓN

Ellos parecieran a simple vista los menos importantes, pero son los que realmente mueven la aguja.

Imagínate esto. Si ese cinco por ciento (que claramente no son todos amigos o seguidores entre sí, puesto que están dispersos en distintos sitios del mundo y en diferentes nodos del grafo social), genera contenido que no es contestado, que no *retweetea*, que nadie menciona, que nadie pone como favorito, ¿de qué les sirve publicar todo eso? Pues bien, los consumidores somos esos invisibles de los que hablaba Dante Gebel en los estadios donde desafiaba a muchos, entre ellos a mí, a despertar y levantarnos a fin de hacer algo grande para nuestro Rey, algo digno de convertirnos en los valientes de David. Son la masa crítica que se necesita para una revolución. En un programa de líderes hay un organizador y unos cincuenta oradores, que son los productores y constructores de la información, pero sin los 1.500 líderes sentados en las sillas que escuchan, todo es un fracaso. Así las cosas, no se mide el éxito de un certamen por la calidad de cada una de las charlas, ya que el organizador no tiene la capacidad de Dios de ser omnipresente.

> **CUANDO HABLAMOS DE INFLUENCIA, NO NOS REFERIMOS A LA CANTIDAD DE AMIGOS, NI DE SEGUIDORES, NI DE SUSCRIPTORES, SINO A CÓMO ESTÁS IMPACTANDO A QUIENES YA TE SIGUEN.**

Las herramientas que tiene el organizador para medir el resultado son, por un lado, la asistencia y, por el otro, el *feedback* o retroalimentación de los consumidores, lo que le permite sacar conclusiones claras sobre la utilidad o no de lo realizado.

No tengas nunca en poco a quienes no generan contenido, porque son los que, si haces bien el trabajo de generar información, los desafíos y las conversaciones necesarias, harán el resto para promover lo que estás buscando.

VIDAS QUE SE ADAPTAN

En esta adaptación de las vidas conectadas que descubrieron la web, la tecnología y las redes sociales, y las aprovechan a diario, claramente no se puede llevar todo el crédito la tecnología, pues Dios nos dio inteligencia y capacidad de adaptarnos.

Hay una historia muy interesante y muy reciente sobre la adaptabilidad del ser humano a la tecnología. Hay un proyecto internacional que se llama One Laptop Per Child (OLPC), una idea que busca acercar la tecnología a los niños que no disponen de esta en el mundo, principalmente a aquellos que no tienen educación. Esta organización enfrentó un experimento en dos aldeas de Etiopía, con el objetivo de ver si sus niños (todos analfabetos y sin haber sido expuestos al lenguaje escrito) podían aprender a leer por sí mismos a través de una tableta Motorola Xoom con juegos, libros, películas y programas para dibujar. Además de esto, las tabletas contaban con un sistema de carga de baterías con luz solar que la gente de OLPC les había enseñado a utilizar a los adultos de las aldeas. El fundador de la organización, Nicholas Negroponte, dio una charla en el MIT (Massachusetts Institute of Technology) a fines de 2012 sobre los resultados alcanzados con el proyecto, los cuales no podrían ser más esperanzadores. Una vez por semana pasaba un trabajador del proyecto para observar el avance que tenían los jóvenes y el uso que le daban a las tabletas. Luego de algunos meses, los niños de ambas aldeas ya habían adoptado el uso y la recarga de las tabletas, ya sabían recitar la canción del alfabeto y también deletrear palabras. Hasta uno de los niños llegó a abrir un programa de dibujo y escribió la palabra «león». El experimento se hizo en esas aldeas con veinte niños de cada pueblo. Ellos jamás tuvieron acceso a materiales impresos con anterioridad. De esta manera contaba Negroponte el resultado: «Nuestros trabajadores dejaron cajas cerradas que contenían las tabletas. Cerradas, sin ninguna instrucción. Al principio, los niños jugaban con las cajas. A los cuatro minutos, un niño no solo la abrió, sino que encontró el interruptor de encendido

¿CUÁNTO MÁS DEBERÍAMOS ENTENDER Y MOTIVAR A NUESTROS JÓVENES A QUE EXPLOREN Y LE SAQUEN PROVECHO A LA INTERNET Y LAS REDES SOCIALES?

y apagado [...] llegando a encenderlo. A los cinco días, estaban utilizando cuarenta y siete aplicaciones al día, por niño. Después de dos semanas, cantaban canciones del abecedario en el pueblo, y después de cinco meses ¡habían *hackeado* el sistema operativo Android! Alguien en nuestra organización o en el Media Lab había deshabilitado la cámara sin darse cuenta. Ellos la descubrieron y la habilitaron. Habían *hackeado* Android».

Durante la conferencia también habló Ed McNierney, director de tecnología de OLPC, que explicó parte del *hack*: «Los niños habían conseguido acceder a la configuración del escritorio. Los chicos habían personalizado completamente el escritorio, de manera que cada tableta de cada niño se veía diferente. Habíamos instalado software para evitar que lo hicieran. La manera en la que trabajaban a su alrededor mostraba claramente el tipo de creatividad, el tipo de investigación, el tipo de descubrimiento que creemos que es esencial para el aprendizaje. Si ellos pueden aprender a leer, pueden leer para aprender».

Nuestra capacidad de aprender y de adaptarnos es espectacular. Si los caciques de estas pequeñas tribus de África tuvieron la capacidad de entender la necesidad de adaptarnos y de aprender nuevas cosas, ¿cuánto más deberíamos entender y motivar a nuestros jóvenes a que exploren y le saquen provecho a la Internet y las redes sociales?

3

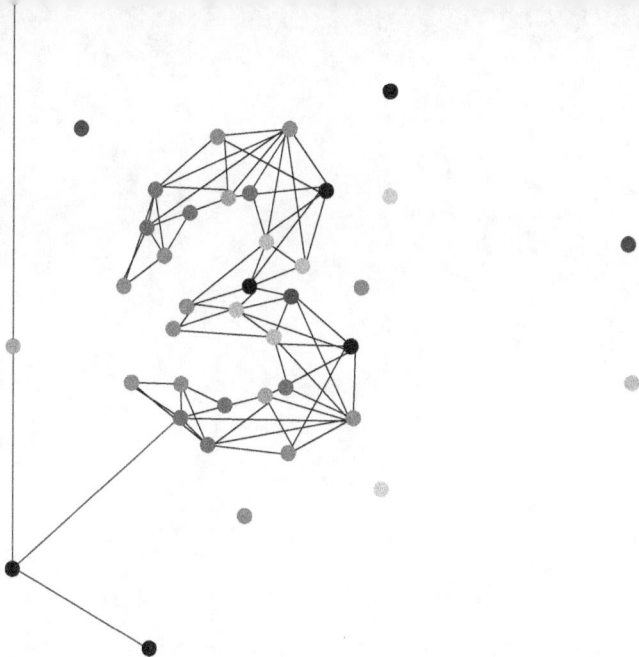

¿QUÉ TIPOS DE REDES SOCIALES HAY Y CUÁLES CONVIENE UTILIZAR?

Comienzo este capítulo respondiendo la segunda pregunta para luego dedicarme de lleno a la primera. La respuesta a esta interrogante está en la Biblia: «"Todo está permitido", pero no todo es provechoso. "Todo está permitido", pero no todo es constructivo» (1 Corintios 10.23). Podemos utilizar todas las redes sociales, pero el hecho de que convenga usarlas en su mayoría, no quiere decir que siempre tengamos el tiempo para hacerlo. Sobre el final del libro encontrarás un capítulo que habla acerca de la importancia de administrar bien tu tiempo en las redes. Ahora bien, cuantas más redes sociales usemos, mejor, pero hoy en día, después de ocho a diez años de analizarlas y filtrarlas, ya están bien definidas cuáles son las más útiles y cuál es el *target* o tipo de comunidad que albergan. En este capítulo trabajaremos sobre estas, las más útiles, más sólidas, y aquellas en las cuales tiene sentido que te involucres.

¿QUÉ TIPOS DE REDES SOCIALES HAY?

Hoy en día hay varios tipos de redes sociales. Hay las que se enfocan en el sector profesional, las que solo se usan en determinado país, las que se utilizan en nichos o mercados «verticales», las de geolocalización, las de vídeos, imágenes, microblogging, para teléfonos móviles, para niños, y hay redes que engloban a todas las otras en cierta manera, como es el caso de Facebook. Veamos entonces un resumen sobre las características, ventajas, historia y tendencia de las redes sociales que están demostrando mayor crecimiento y permanencia de usuarios, y que pueden servirle al cristiano para agregar valor en la comunidad.

FACEBOOK, LA MADRE DE LAS REDES SOCIALES

Esta es la red social por excelencia. Es la más concurrida, la que tiene más tráfico en la web. De hecho, pasó a Google no solo en cantidad de tráfico, sino en tiempo que dura la gente en la página. Allí se permite tener un perfil de usuario y, como tal, uno puede publicar actualizaciones sobre aquello que está haciendo o pensando, y lo puede ilustrar con fotos, vídeos, y contar dónde lo está haciendo y con quién.

Tiene una multiplicidad de herramientas que nos permite organizar una interesante parte de nuestra vida social: planeación de certámenes, organización de álbumes de fotos y vídeos, interacción con las marcas que nos gustan o que utilizamos y con nuestros amigos a través de la publicación de cualquier cosa en sus muros, enviarles mensajes privados o en cadena, o chatear con ellos. Nos enterarnos de los cumpleaños, de los cambios en sus vidas, como matrimonios, nacimientos, compromisos y más de nuestras amistades o de la gente a la que seguimos. Promocionamos servicios o productos con una atomicidad y segmentación increíble, ya sea por grupos de amigos o listas de gente a la que seguimos. Y nos permite organizar la privacidad de lo que publicamos con base en esas listas.

Dicho así, parece complejo, pero la realidad es que es muy simple, y el hecho de tener tantos usuarios habla muy bien de la increíble experiencia que se tiene en el sitio. Facebook cuenta con más de mil millones de usuarios activos de países de todo el mundo, menos China, donde se encuentra prohibida desde 2009 por desacuerdos entre ese gobierno y la junta directiva de Facebook, lo cual comenzó siendo un problema interno de ese país, pero luego trascendió las fronteras de lo digital. Como ese es el país más poblado del mundo, esto claramente retrasó la expansión de la red a nivel global, a pesar de que hasta 2009 estaba todavía habilitada.

Esta red se caracterizó por ser la primera que lanzara una plataforma de aplicaciones. Cuando fue lanzada en 2007, tan solo había veinticinco millones de usuarios registrados, una base que les había tomado cuatro años de construcción. Las aplicaciones les permiten a otras compañías ajenas a la red crear juegos, utilidades, aplicaciones web, promociones, campañas y todo tipo de nuevas interacciones entre sus usuarios. Y lo que es más importante, pueden ganar dinero con ello, tanto que si sumáramos las operaciones de venta de empresas que solo se dedican a brindar soluciones sobre la plataforma, sumaríamos varios miles de millones de dólares.

Tan solo un año después del lanzamiento, ya tenían un millón de desarrolladores trabajando en aplicaciones por su cuenta, y habían cuadruplicado la cantidad de usuarios: cien millones. Tan solo cuatro años después de ello, llegaron a los mil millones de usuarios. Su plataforma de aplicaciones fue lo que les

FACEBOOK CUENTA CON MÁS DE MIL MILLONES DE USUARIOS ACTIVOS DE PAÍSES DE TODO EL MUNDO

permitió crecer tan exponencialmente, porque ahora no se tenían que dedicar a entretener a sus usuarios. A partir de allí, son las empresas las que les desarrollan juegos y, a cambio, les permite poner anuncios publicitarios, cobrar micropagos para obtener nuevas secciones en juegos, o nuevos recuersos como armas, autos más veloces, o lo que sea a lo que se dedica el juego.

Así las cosas, Facebook salió ganando por todos lados, porque ahora no solo tenía una comunidad de usuarios entretenidos, sino que por cada refresco de pantalla mientras se juega allí, muestra distintos anuncios en la columna de la derecha, que si contamos con que el 0,01% de la gente le dé clic, al multiplicarlo por quinientos millones de usuarios diarios, los números son increíbles. Si costara tan solo treinta centavos de dólar el clic, al multiplicarlo por tanta cantidad de gente, estamos hablando de muchos miles de dólares de ganancia para la red por minuto. Por esa razón nunca será pago, porque vive de tener un montón de gente haciendo clic en los anuncios; y si cobrara por utilizar el sitio, automáticamente bajaría la cantidad de usuarios activos y, por lo tanto, la facturación.

Otra de las fuentes de su ingreso y expansión fue la increíble herramienta de *marketing* en que se convirtió luego de lanzar las *fan pages*. Estas originalmente eran muy parecidas a los perfiles de usuarios, pero con la diferencia de que no tenían límite en la cantidad de fans que podían albergar, porque en el caso de los perfiles de usuarios solo puede tenerse hasta cinco mil amigos. Las *fan pages* se pueden crear para una marca, organización, canal de TV, diario, artista, figura pública, celebridad, empresa local, hasta para un pastor, iglesia o ministerio. Es algo completamente abierto y no hace falta tener ningún tipo de autorización para poder crearla. Hablaremos más de esto en el capítulo cinco y once, donde trabajaremos el concepto de cómo sacarle proyecto a las redes para el ministerio, y cómo hacerlo de manera efectiva.

Básicamente, una *fan page* le permite a una marca, o alguna de las cosas antes mencionadas, crear una comunidad alrededor de la página, donde cada fan o persona que haya puesto me gusta o se haya suscrito a partir de ese momento recibirá cada actualización que publiquen los administradores en el *timeline* u hoja de vida de la página.

Otro de los puntos superimportantes que debemos conocer sobre las páginas de Facebook es que en estas se pueden instalar aplicaciones para que nuestros seguidores interactúen: desde llenar un formulario de contacto, realizar una donación, participar de un concurso, sorteo o promoción, usar un juego o involucrarse con la causa de la organización.

La inversión de anuncios de publicidad que hacen las marcas para conseguir más seguidores en sus páginas es increíble, pues se encuentra en el orden de los miles de millones de dólares al año, y es lo que le permitió a Facebook facturar tanto y crecer desde los tres empleados a los 3.500, llegando a una valoración en la bolsa del Nasdaq que rondaba los cien mil millones de dólares. Estas marcas no solo invierten en anuncios de Facebook sino en desarrollo de promociones para colocar en las *fan pages*, lo cual incrementa considerablemente la cantidad de *fans*.

Mi compañía la fundé hace unos cuatro años y nos dedicamos específicamente a desarrollar una plataforma de promociones y concursos que se instalan en las *fan pages* como una aplicación común y corriente. Antes de crear esta plataforma, trabajábamos haciendo desarrollos de Facebook a la medida para marcas, canales de TV y organizaciones gigantes como Unicef, MTV, Turner Broadcasting, Samsung, TNT, Discovery Channel, Universal Channel, Coca Cola, Cencosud y muchas otras, pero luego entendimos que por cada cliente que atendíamos, dejábamos de hacerlo con unos cincuenta. Los teléfonos sonaban todo el tiempo, especialmente luego de que Facebook nos seleccionara como *partners* en América Latina al nombrarnos *preferred developer consultants*, habiendo solo noventa compañías en el mundo que gozan de esa distinción, y tan solo una en América latina: la nuestra.

Pues bien, luego de desarrollar unas 300 aplicaciones en esa red para marcas número uno del mercado, tuve la oportunidad de aprender mucho, y es mi corazón con este libro brindarte todo el conocimiento y las herramientas que adquirí para que puedas aprovecharlos en tu vida y ministerio. Uno de los casos más interesantes que tuvimos con nuestra actual plataforma fue una promoción que realizó la marca Converse en México, en la que regalaba diez pares de zapatillas a quienes enviaran una foto con «actitud converse» y pidieran a sus amigos que los favorecieran con su votación. En tan solo doce días consiguieron 245 mil nuevos fans. Las tiendas Paris en Chile corrieron una promoción en su página de tarjetas de regalo, donde consiguieron 300 mil fans en solo trece días, con más de 16 mil participantes. Con esa acción, en solo dos semanas lograron triplicar su base. Esto da cuenta del poder de las redes sociales y, si se sabe utilizarlas apropiadamente, podremos construir una imagen, marca, y lograr influencia rápidamente.

La plataforma fue importantísima en términos de retorno de inversión para Facebook, pero otro de los factores de su crecimiento resultó ser las traducciones a cientos de lenguajes que hicieron los propios usuarios. Facebook inventó un sistema donde la gente podía armar las traducciones. De hecho, una persona la tradujo al inglés de los piratas, el cual es muy gracioso leer. En Latinoamérica, Facebook era débil, hasta que tradujo su plataforma al español. A partir de ahí escaló de unos pocos millones a 142 en menos de tres años; porque Facebook es como una increíble base de datos de personas, organizaciones, productos, marcas y objetos interconectados en algo llamado *social graph* o grafo social, donde todos estos elementos se conectan entre sí.

A principios de 2013, la red lanzó el *social search* o búsqueda social. Hasta este momento, el tipo de búsquedas que uno podía realizar en Google era básicamente poner unas palabras claves que eran buscadas en su base de datos y luego arrojaba una serie de resultados con páginas que las contenían. A partir del *social search* se pueden buscar elementos dentro de la red que estén conectados a distintos elementos del grafo social. Por ejemplo, uno podría buscar un restaurante en el que haya estado cierto amigo hace dos meses; una canción de una banda que le guste a cuatro amigas como para armar una lista de canciones para una fiesta; las fotos de 2010 que se haya sacado con su mejor amiga, y más. Puede ser consultada cualquier conexión entre personas, páginas y los contenidos que hay en estas.

TWITTER, UNA RED QUE MARCA TENDENCIA

Mientras Facebook te preguntaba qué estabas haciendo, Twitter te cuestionaba sobre qué estabas pensando; tiempo después, Facebook adoptó la misma pregunta. Luego, mientras Twitter había inventado el concepto de seguidores y Facebook el de amigos, años más tarde Facebook creó el concepto de suscriptores, y un año más tarde, mientras se escribía este libro, lo transformaron en seguidores, sin hacer ningún anuncio de prensa.

Twitter es una red social de microblogging, en donde cada publicación que uno hace no puede tener más de 140 caracteres. Los perfiles son muy simples. Uno tiene su *timeline* donde aparecen todas las publicaciones que uno hace, ordenadas cronológicamente, las más nuevas arriba y las anteriores, abajo. En el *timeline* de Twitter también se observan las interacciones que uno hace con otros usuarios:

- un *reply* que le hacemos a alguien en respuesta a una publicación (similar a los comentarios de Facebook),
- un *tweet* de otra persona que marcamos como favorito (similar al me gusta de Facebook),
- un *tweet* de otra persona al que lo *retweeteamos* para que aparezca en nuestro *timeline* (similar al botón compartir que tenemos en Facebook).

Estas son las funcionalidades básicas de Twitter. Sin embargo, allí no termina todo. Su poder en relación a otras redes sociales radica en la velocidad de acceso a las noticias de último momento, ya que es utilizada, en su mayoría, desde dispositivos móviles.

Por mucho tiempo fue muy superior a Facebook en cantidad y porcentaje de usuarios desde sus teléfonos celulares, y esto destacó a la red social por la velocidad con la que los mismos usuarios destacaban y anunciaban sucesos como desastres naturales, accidentes, noticias de último minuto, etc. Además, cuenta con unos motores de procesamiento de texto increíbles, que sacan factor común de toda la información que se publica en

SU PODER EN RELACIÓN A OTRAS REDES SOCIALES RADICA EN LA VELOCIDAD DE ACCESO A LAS NOTICIAS DE ÚLTIMO MOMENTO, YA QUE ES UTILIZADA, EN SU MAYORÍA, DESDE DISPOSITIVOS MÓVILES.

tiempo real, y aquellas cosas que son las más comentadas se convierten en *trending topics* o temas en tendencia, los cuales pueden ser a nivel mundial o de una ciudad. Una vez que un tema o un nombre se convierte en *trending topic* permanece allí visible mientras siga siendo relevante en cantidad de *tweets*. Por ejemplo, cuando un huracán azota una ciudad, muere un artista, o alguien gana un premio, son noticias que automáticamente adquieren esta característica. Lo interesante es que mucha gente utiliza esta red para enterarse de las novedades más recientes al leer estos *trending topics*, y hay empresas que hasta pagan para intentar salir bajo este concepto y volverse conocidas.

Antes de fundar mi última compañía, tuve el placer de participar en la creación de una aplicación de Twitter llamada *tweetboard*, que permitía integrar una comunidad dentro de una página web. Cuando la lanzamos, pensamos en una estrategia viral en la que, para conseguir acceso a nuestra beta privada, la gente tenía que publicar un tweet con el nombre de nuestra empresa y la URL a la página. Con esta estrategia, más la publicación en un blog de tecnología muy importante, comenzó a viralizarse rápidamente y, en cuestión de horas, logramos convertirnos en el *trending topic* número uno a nivel mundial, y allí permanecimos por tres días, lo cual nos llevó a que registráramos cerca de tres personas por segundo en la plataforma en ese lapso.

Twitter se destaca por la velocidad en que propaga la información y por publicar los sucesos más relevantes del mundo. Otra característica muy interesante es cómo los usuarios automáticamente fueron generando nuevas funcionalidades. Antes que el botón *Retweet* existiera, cuando los usuarios querían compartir el *tweet* de alguien a quien seguían, copiaban el texto y le agregaban delante de la publicación la sigla «RT» y la cuenta de usuario del que lo publicó. De esa manera compartían aquellos *tweets* que les gustaban. Luego comenzaron a utilizar el signo numeral «#» acompañado de una palabra para destacar ese *tweet;* esa palabra se denomina *hashtag.* Luego Twitter hizo que, al dar clic en un hashtag, automáticamente se mostrara una búsqueda de todos los *tweets* que contienen ese *hashtag,* lo que permitió, de alguna manera, organizar la información de Twitter, y esto se utiliza principalmente en certámenes, conciertos o frases del día.

Para finalizar, mientras que la información de las publicaciones de Facebook no puede ser indexada por los buscadores web ni uno puede hacer búsquedas sobre las publicaciones de usuarios, todo lo que uno publica en Twitter es indexado automáticamente por Google y puede ser consultado por los usuarios, lo cual nos da mucha más exposición, pero, a la vez, hace que si te arrepientes de algo que dijiste, será tarde, porque habrá sido propagado por la web y quedarás atado a tu comentario para siempre.

FOURSQUARE, UNA RED QUE PONE A CADA UNO EN SU LUGAR

Esta red te permite encontrar lugares geniales cerca de donde te encuentras y se dedicada exclusivamente a la geolocalización de sitios interesantes. Se basa en que la gente cargue la ubicación de lugares que les gustan, bajo una determinada categorización y, a partir de ello, todo se trata de *check-ins* y *tips.*

Un *check-in,* tal como sucede en los aeropuertos previo a partir un vuelo, implica asegurar que uno está en dicho lugar. En el caso de los aviones, para asegurarse de que tu asiento lo vas a ocupar a fin de que el avión espere a todos los pasajeros antes de partir, para revisar que todas las regulaciones sobre los pasaportes se cumplan, etc. El caso de Foursquare es mucho más simple: uno dice que está allí con el objetivo de viralizar lo que está haciendo y convertirse en el mayor o, por decirlo de alguna manera, el intendente o alcalde de ese lugar. La persona que más cantidad de *check-ins* hace en determinado tiempo se vuelve el intendente, hasta que otra persona lo supere en dicho lugar por un tiempo determinado. En ese momento uno le «roba» la intendencia a la otra persona.

Por otro lado, cuenta con un interesante sistema de *badges* o insignias que uno va obteniendo a medida que hace *check-in* en distintos sitios. Por ejemplo, cada cierta cantidad de lugares distintos que uno visita puede conseguir hasta cuatro *badges*: Newbie, Adventurer, Explorer y Superstar (es decir: novato, aventurero, explorador y superestrella, respectivamente). Hasta el momento, hay unos 254 badges en total, y muchos son creados para eventos específicos, como por ejemplo el festival SXSW (South by Southwest), que se realiza cada año en Austin, Texas, y dura una semana seguida con todo tipo de exposiciones audiovisuales y tecnologías emergentes. Allí fue donde se volvió superconocida esta red social, así como Twitter. Todo se trata de innovación allí, y siempre está lleno de celebridades que, al utilizar esas cosas innovadoras, hacen que de forma automática sus proyectos tomen vuelo rápidamente.

Lo interesante es que cuando los usuarios cargan nuevas ubicaciones de los lugares a los que asisten, como restaurantes, gimnasios, hoteles... pueden dejar *tips* sobre el lugar, para que si otras personas quieren ir ahí, puedan saber cuál fue la experiencia del resto de la gente que ya lo visitó. También pueden saber quiénes están ahí en este preciso momento. Y, a diferencia de Facebook y sus lugares, en donde uno simplemente hace check-in junto con un mensaje que lo acompaña, en Foursquare hay toda una psicología detrás para obtener *badges*, o acceder a la intendencia de más lugares y no perder aquellos que ya «conquistaron».

En mi opinión, lo más atrayente es la capacidad de descubrir lugares interesantes cercanos a nuestra ubicación, ver la cantidad de gente que asiste y la regularidad con que lo hacen, las fotos que suben, y las experiencias que tuvieron. Así como existe Trip Advisor para poder encontrar hoteles y alquileres temporales basados en un sistema de puntuación que le dan los usuarios, Foursquare permite, en menor escala, hacer esto con cualquier sitio, ya sea un museo, playa, empresa, restaurante, certamen...

Uno de los usos interesantes que se le da a esta red es que, en determinados locales, te dan un porcentaje de descuento o un regalo si haces *check-in*, y no estamos hablando solo en Estados Unidos. Incluso en Argentina se utiliza esto. De hecho, he comido papas fritas (patatas) gratis muchas veces gracias a hacer *check-in* en algunos bares donde hacemos encuentros *after office*.

UNO DE LOS USOS INTERESANTES QUE SE LE DA A ESTA RED ES QUE, EN DETERMINADOS LOCALES, TE DAN UN PORCENTAJE DE DESCUENTO O UN REGALO SI HACES *CHECK-IN*.

Otro uso, ya un tanto más fuera de lo común, lo vi en septiembre de 2012 en un viaje que realicé a San Francisco, California, para asistir al Techcrunch Disrupt, el certamen de *startups* de tecnología más importante del mundo, al cual viajamos junto con otras doce empresas seleccionadas por el gobierno argentino para su misión comercial a Silicon Valley.

Esta gran reunión consiste en un conglomerado de empresas de tecnología que exponen lo que hacen a todos los medios más importantes del mundo, ante inversionistas y delante de los usuarios más *early adopters* (adoptadores rápidos) que uno podría encontrar, sumado a un sinnúmero de charlas de primer nivel, donde uno puede encontrar gente como Mark Zuckerberg, fundador de Facebook, o Jack Dorsey, fundador de Twitter, y muchos más de aquellos que se dedican a cambiar nuestro mundo a diario.

Viajamos allí para poner un *stand* y mostrarle al mundo nuestra plataforma, y también porque tuvimos una reunión en las oficinas de Facebook días después del certamen. Entre bloque y bloque de conferencias uno podía pasearse por los pasillos y encontrar las ideas más descabelladas: desde robots, hasta autos inteligentes y todo tipo de cosas interesantes, como la que había en el *stand* de Nokia, pues habían construido una máquina, no muy distinta en tamaño y forma a una expendedora de gaseosas, que detectaba cuando alguien hacía un *check-in* con Foursquare en el *stand* de Nokia y automáticamente entregaba un regalo sorpresa, que podía ser un chocolate, un habano de unos veinte dólares, un celular último modelo u otras cosas (que no tuve el placer de saber qué eran, ya que la gente del *stand* solo me dejó participar tres veces, una por cada día de la exposición).

En suma, es una red social que debes usar en tu iglesia, pero trabajaremos más sobre esto en el capítulo que habla sobre cómo aprovechar las redes para la iglesia.

LINKEDIN, LA RED SOCIAL DE LOS PROFESIONALES

Esta es una red social para cargar un perfil profesional. Nos permite armar un currículum personal, cargar toda la información relevante sobre nuestra formación y experiencia, así como conseguir recomendaciones de nuestras conexiones y formar un perfil lo suficientemente interesante.

Allí puedes conectarte con gente a quien conoces o estás conectado en la vida real. A diferencia de Facebook, en donde puedes enviar una solicitud de amistad a cualquiera, en Linkedin debes conocer la dirección de correo electrónico de la persona para poder conectarte. También puedes conectarte si compartes un grupo con alguien, si trabajaste con la persona como su empleado, proveedor o cliente. En ese sentido, construir un *network* de conexiones grande resulta fundamental, ya que es parte de la credibilidad que nos brinda nuestro perfil. Linkedin es una de mis preferidas, principalmente porque creo que cambió radicalmente la manera en que se maneja el reclutamiento de empleados a nivel internacional. Hasta hace muy poco tiempo, la forma más eficaz de conseguir empleados era al publicar un aviso en algún periódico o sitio de búsqueda de personal, para que luego el interesado enviará su currículum impreso con una carta de recomendación. Y después, si a la compañía le parecía pertinente, comenzaban las entrevistas, investigaban las referencias y finalmente hacían una propuesta.

Hoy en día, gracias a esta red, eso cambió bastante. Uno, como empleador, puede buscar directamente lo que está requiriendo al utilizar los filtros que necesita y leer las recomendaciones de la gente sobre la persona mucho antes de que haya un contacto directo con ella. Cuando uno hace reclutamiento de personal, hasta ahora la forma era informar que había una posición abierta y esperar que aquellos que estaban buscando trabajo la vieran, y luego filtrar. Con esta red podemos buscar a los mejores y entrevistarlos. Dicen que Dios llama a los ocupados, a los que están en movimiento. En Linkedin se usa la misma lógica, uno busca a quienes ya están trabajando, a los mejores, a los que las empresas no dejan ir.

En esta red, el *network* de una persona se compone no solo de sus conexiones directas, sino de todas aquellas conexiones de sus propias conexiones; es decir, si tengo diez contactos y cada uno de ellos tiene a su vez otros diez, el alcance de mi *network* será de cien personas (sin contar los contactos repetidos). Sobre cada persona que uno busca, si se encuentra en tu *network* global, aparece un numerito arriba de su nombre que indica los grados de separación de la persona; es decir, la cantidad de personas que hay en el medio para llegar hasta su punto. De hecho, otra de las formas para solicitar pertenecer a la red de otra persona es a partir de una introducción. Si la persona que estás buscando se encuentra en un grado de separación dos, puedes pedirle a uno de tus contactos en común que te haga una introducción, así puedes ponerte en contacto directamente con dicha persona.

PINTEREST, LA RED SOCIAL DE LAS IMÁGENES

En la batalla por dominar el mundo, un reciente guerrero se levantó bien fuerte, Pinterest, una red social de imágenes. Básicamente se estructura en personas que tienen perfiles, y cada una tiene *boards* o tablas, las cuales pueden ser seguidas por el resto de las personas. Allí uno va agregando imágenes relacionadas al tema de ese *board*, y cada vez que lo haces, se le notifica a todos los seguidores sobre el nuevo contenido.

Así, un *board* vendría a ser como esas tablas en las que uno va pegando fotos sobre lo que le interesa: la familia, un músico, actor, etc., cosa que hacen generalmente las mujeres, y los cristianos también. De hecho, mi cuñada Daniela, a quien amo y respeto mucho, tiene desde su juventud una pared completa con fotos de Taylor Lautner. La cuestión es que los *boards* de otras personas nos permiten descubrir cosas interesantes de los temas que nos interesan, y nos permiten compartir lo que nos gusta porque están organizados por temas, a fin de que otros, a quienes les gusten, puedan disfrutarlos. Por ejemplo, puedes seguir a un fotógrafo en su *board* sobre naturaleza, y ver todas las fotos que toma específicamente sobre ese asunto.

Las personas contamos con múltiples intereses y, a veces, son superdiversos. Por ejemplo, mis intereses más destacados son principios de liderazgo y emprendimiento cristiano, tecnología web y redes sociales, música cristiana y metal sinfónico, y en cuanto a deportes, el *paddle*. En mi oficina tengo unos veinticinco empleados, y con la gran mayoría comparto el interés por la tecnología y las redes sociales. Con una parte muy pequeña, el interés sobre el emprendimiento; con otros pocos, todo lo relacionado con el paddle; con otros, lo que tiene que ver con el metal sinfónico; y con casi ninguno comparto el interés por la música cristiana. Es por eso que en Pinterest uno no sigue a las personas, sino a sus *boards*, ya que a uno no le interesa todo de cada persona sino aquellos intereses que comparte.

Muy a menudo doy charlas sobre *entrepreneurship* y sobre redes sociales en distintos países. Cada vez que vuelvo de viaje, siempre hay un grupo de personas que me pregunta sobre qué fui a hacer esta vez, y yo, como conozco a quienes les interesa y no, respondo con mayor o menor detalle. La biblia dice: «Así que no te avergüences de dar testimonio de nuestro Señor» (2 Timoteo 1.8). Uno no tiene que tener vergüenza de dar testimonio de Jesús, pero eso no quiere decir que uno tenga que apabullar de conocimiento a quien no quiere escucharlo.

LA CUESTIÓN ES QUE LOS *BOARDS* DE OTRAS PERSONAS NOS PERMITEN DESCUBRIR COSAS INTERESANTES DE LOS TEMAS QUE NOS INTERESAN, Y NOS PERMITEN COMPARTIR LO QUE NOS GUSTA PORQUE ESTÁN ORGANIZADOS POR TEMAS.

Uno debe sembrar la semilla toda vez que pueda y dejarla madurar y, mientras tanto, asegurarse de no avergonzar al Señor, pero no por callarse la boca, sino por no seguir sus pisadas.

Es por eso que Pinterest nos ayuda a «hablar» sobre nuestros intereses, de tal manera que aquellos que sí comparten eso, puedan enterarse, disfrutar y compartir con otros. De modo que esta red nos permite mostrar de manera linda aquello que nos gusta compartir. En Twitter solo tenemos 140 caracteres; pero aquí tenemos una imagen, y como dicen por ahí, vale más que mil palabras.

GOOGLE PLUS, LA RED SOCIAL QUE COPIA TODO

Desde que salieron a la luz las redes sociales, Google jamás se quedó atrás. A pesar de tener a los ingenieros mejores pagos del mundo (ganan millones de dólares por año), de tener el éxito de un montón de productos que revolucionaron al mundo como su motor de búsqueda o su sistema de correo gratuito, aún siguen buscando la manera de ganar su lugar en la revolución social que estamos viviendo gracias a las redes sociales. Por eso intentó montones de cosas y buscó marcar la diferencia en este sentido, pero lamentablemente ninguna prosperó lo suficiente.

Comenzó comprando Orkut, a fin de imitar a Facebook, donde tuvo éxito solo en algunos países como Brasil, con más de cincuenta millones de usuarios, pero allí se quedó. Luego lanzó Open Social, seis meses después que Facebook mostrara al mundo su plataforma de aplicaciones. Entonces Google intentaba crear el protocolo de *social apps* a nivel global con el propósito de que permitiera a toda red social alojar juegos y aplicaciones, y lo consiguió. Tuvo centenares de redes sociales que implementaron ese protocolo, pero con un pequeño problema: las redes sociales estaban prácticamente vacías frente a Facebook. Luego creó Google Buzz con el fin de buscar replicar el modelo de Twitter, proyecto al que le quitarían la atención menos de un año después de lanzarlo. Google Wave, su intento más potente de revolucionar la manera en que nos organizamos, con un fuerte componente social, y luego de una increíble campaña que hicieran para promocionarlo, también fue apagado. Finalmente, en su mejor intento por ganar su lugar en el mundo de las redes sociales, creó Google Plus, que integra todos sus productos, de tal manera que a los usuarios actuales de productos de Google como Gmail, Google Docs, gTalk, Google Maps, Google Chrome, etc., no les quede otra alternativa que crear su cuenta de Google Plus.

La realidad es que, pese a los intentos fallidos de Google en los últimos años, pareciera que con Google Plus podría llegar a levantar la suficiente tracción como para volverlo algo global. No estoy seguro que triunfe, a pesar de que ya cuente con unos 350 millones de usuarios, ya que para Google es fácil registrar muchos usuarios, pero no dan ninguna estadística sobre el tiempo que pasan las personas allí, el cual no pareciera ser alto. De cualquier manera, ahora tiene armas con las que podría comenzar a competir de verdad. Esta red es nada más y nada menos que una red social con perfiles de usuarios, comunidades, listas o círculos de interés, la posibilidad de subir contenido multimedia, y más. Su propuesta de valor, cuando se lanzó, fue la increíblemente intuitiva y deslumbrante manera de elegir con quién quiere compartir uno el contenido, a lo que llamaron círculos: en los que uno depositaba sus conexiones, que pueden ser amigos, compañeros de trabajo, familiares, etc. Al momento de compartir algo en esta red social, uno elige con qué círculos desea compartirlo y luego se publica. Lo que pareciera algo ultra revolucionario era algo existente, exactamente igual a las listas de Facebook, pero superlindo e intuitivo.

Dado que el «pobre» Facebook se encontraba continuamente batallando con los problemas y las reacciones negativas de sus políticas de privacidad, Google se presentó con su glamoroso y muy transparente sistema en el cual uno podía saber perfectamente a quiénes llegaba aquel contenido que uno subía. Creo que eso le dio cierta ventaja y le permitió llegar a una masa crítica muy rápido.

Tener una masa así tanto en una aplicación como en una red social es fundamental, ya que, sin ello, no hay crecimiento orgánico, y la única manera de hacer crecer el sitio en cantidad de usuarios y tráfico es gastando dinero, lo cual es superentendible al principio. Sin embargo, si no hay retorno de inversión y crecimiento viral, eso no escala y hay que acabar con el proyecto tarde o temprano. Ni más ni menos que lo que le pasó a Google con los anteriores productos.

Además, si bien los círculos de contactos fue su caballito de batalla, a Facebook le tomó muy poco tiempo agregar una intuitiva manera de elegir con quiénes queremos compartir aquello que estamos publicando, en donde, al apretar sobre un ícono que tiene el formato del globo terráqueo, podemos elegir si queremos compartirlo con amigos, con amigos de amigos, con alguna lista de contactos, o con todo el mundo. No obstante, a pesar de todos los tropiezos de Google, si hay algo en sus productos que es indiscutible, es la innovación. Tiempo después de lanzar Google Plus, también lo hicieron con un *feature* dentro de la herramienta *Hangouts*, que es un servicio de videoconferencia que se realiza entre dos o más contactos de Google. Hasta este momento no recuerdo haber conocido un solo sistema de videoconferencia que permitiera acceder a varios participantes en tiempo real. Solo Skype, en su versión paga, y alguno que otro servicio pago por ahí.

La razón por la cual no abundan los servicios de videoconferencia múltiple es porque tecnológicamente es un desafío increíble trabajar con anchos de banda variables, con resoluciones de cámara completamente distintas, con latencias de redes internacionales, y más. Razón por la que es un negocio que, hasta el momento, es muy poco explotado y con una altísima barrera de entrada.

En ese sentido, Google no solo resolvió ese problema de una manera increíble, con una estabilidad de conexión única, mucho mejor a la de Skype, con una definición de audio y vídeo estupenda, sino que fue un paso más allá al crear una excelente manera de entretenernos y aprovechar la interactividad durante una videoconferencia. Mientras esta se desarrolla, los usuarios pueden elegir una lista de efectos especiales que se ejecutan sobre las pantallas de todos los integrantes, que van desde sonidos, animaciones, y un set de objetos que se pueden agregar sobre las caras de los participantes. Por ejemplo, agregar gafas, bigotes, un sombrero de pirata, y un montón de cosas divertidas que detectan nuestras caras automáticamente y nos siguen a medida que nos movemos, lo cual hace del momento algo muy entretenido. Como si esto fuera poco, tiene integrado a Google Docs (Drive), razón por la que, mientras se desarrolla la conferencia, todos pueden estar mirando una planilla de cálculo, o escribiendo un resumen de las decisiones de la reunión, y mucho más. Hablaremos más de esto en el capítulo cinco.

Google Plus, sin duda, ha demostrado estar a la altura de las circunstancias, y ha adoptado, en cierta manera, a una gran cantidad de usuarios que no son muy adeptos a Facebook.

Termino diciendo que hemos mencionado las principales redes sociales, revisando los puntos más interesantes que debes conocer sobre las mismas y su historia. En los próximos dos capítulos hablaremos sobre cómo usar cada una de estas redes sociales de manera productiva para tu vida y ministerio. De modo que si llegaste hasta aquí, no te vayas, porque esto se pone cada vez más interesante.

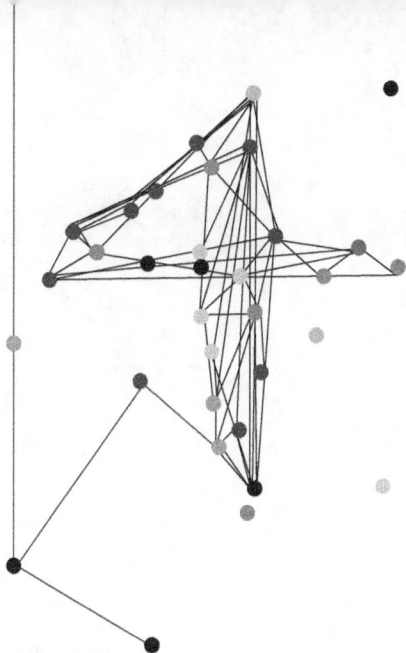

¿CÓMO LE PUEDES SACAR PROVECHO A LAS REDES SOCIALES?

Antes de comenzar a trabajar sobre cómo puedes aprovechar las redes sociales en tu vida personal y como cristiano, espero haber podido demostrarte su importancia con los capítulos anteriores; pero si todavía tienes dudas, te animo a que sigas leyendo los próximos dos capítulos, para terminar de entender cómo puedes usar provechosamente las redes sociales.

CRISTIANOS DE ALTO IMPACTO

El día que comenzaba a escribir este capítulo tuve una suerte de visión de Dios al ver algo tan simple como el goteo de un aire acondicionado mientras me dirigía caminando a mi oficina en Palermo Hollywood, Buenos Aires. Mientras que alguien en sus cabales simplemente lo esquivaría para no mojarse y seguir la marcha, me detuve a reflexionar sobre cómo esa pequeña gota (de no más de cuatro a cinco milímetros de diámetro), que caía desde lo alto de un edificio, había logrado mojar toda una zona de más de un metro de diámetro sobre la acera. Mi reflexión, para sintetizarlo un poco, era que si somos como una gota pequeña, pero con la intensidad y velocidad necesaria, llegaremos a afectar a una región mucho mayor de lo que nos imaginamos, especialmente si nos mantenemos puros y transparentes, como el agua.

Creo que las redes sociales nos permiten desarrollar velocidad para hacer un gran impacto, mucho más rápido de lo que podíamos hacerlo antes de que existieran. Vivimos en un tiempo donde la influencia marca el pulso, y debemos ser conscientes de esto y tomárnoslo en serio si queremos ser efectivos en este nuevo tiempo que estamos viviendo. Esto se debe a que nos permiten desarrollar y potenciar el nivel de influencia que tenemos en otros. Imagínate una persona introvertida de la iglesia, piensa en alguno con quien jamás hayas hablado, de aquellos que se sientan en el fondo porque llegan tarde, o porque son tímidos. Elije uno que no sea un líder servidor, y que no esté en el grupo de alabanza. Muy bien, pues ya tienes un completo desconocido que asiste contigo a la iglesia. Esta persona, además de ser cristiano, también es hijo, o padre, o un empleado o empleador, o un profesional... podría tener muchos dones de Dios que pone en práctica a diario. Ahora contéstame, ¿cuál es el nivel de influencia que tiene esta persona sobre ti? ¿Te motiva a ser mejor cristiano... padre... empleado... una mejor persona? De seguro tu respuesta es no, dado que no lo conoces y no puedes saber qué tan cristiano es, qué tipo de padre es, ni qué tipo de empleador o empleado sea. Probablemente, de la misma manera en que él no te puede influenciar, quizá tampoco puedas hacerlo, salvo que seas su líder directo o pastor. Entonces, el hecho de que no estés conectado con él limita la capacidad que tienen los dos de influenciarse y ayudarse, a pesar de que asistan a la misma iglesia y se congreguen cada semana.

Las redes sociales conectan los puntos, y nos permiten expresar lo mejor y lo peor que tenemos dentro. Al permitirnos expresarnos y conectarnos, se desarrolla la influencia, si es que tienes algo bueno para decir. En el capítulo diez hablaremos sobre la importancia de que salga siempre lo mejor de nosotros.

Como decía antes, en alguna oportunidad Dante Gebel, al hablar de los dones de Dios, dijo: «En algo tienes que ser bueno; en eso te usará Dios». Todos tenemos algo en lo que somos buenos y podemos afectar positivamente a los demás con nuestra experiencia y dones.

Las redes sociales son, hoy en día, quizá el mejor lugar en el cual podemos explotar nuestro potencial, y la razón la explicamos en el primer capítulo: la gente está allí. «Es abundante la cosecha —les dijo—, pero son pocos los obreros. Pídanle, por tanto, al Señor de la cosecha que mande obreros a su campo» (Lucas 10.2).

Antes la mies o cosecha estaba dispersada en muchos pequeños pueblos, y había que hacer las interminables travesías del apóstol Pablo para ir a llevarles la luz del Señor. Hoy, una gran parte de ellos se encuentra concentrada en las redes sociales, lista para que vayamos a influenciarla.

¿CUÁNTOS SE PIERDEN?

Si como cristiano, y no le hablo al líder o pastor que puedes ser, sino al cristiano, tienes un corazón generoso, lo mejor que puedes dar es tu ejemplo; pero si este únicamente lo pueden ver las diez, cuarenta, o cuatro mil personas de tu iglesia, te estás perdiendo la posibilidad de ser luz para más de un millón de personas que se encuentran en las redes sociales todos los meses, con las mismas necesidades que los fieles de tu congregación, y aun mayores, porque muchos no conocen todavía a Dios.

Toda vez que te conectas con alguien, lo estás influenciando directa o indirectamente con algo. En cada conversación que tienes con alguien, con cada publicación que haces, le estás grabando algo en el cerebro; le puedes estar cambiando su estructura de pensamiento, sus paradigmas... Todos tenemos una especie de caja mental que viene repleta de limitaciones, tradiciones, costumbres y cosas que vivimos en el pasado que determinarán nuestra forma de reaccionar ante las circunstancias.

> LAS REDES SOCIALES SON, HOY EN DÍA, QUIZÁ EL MEJOR LUGAR EN EL CUAL PODEMOS EXPLOTAR NUESTRO POTENCIAL, Y LA RAZÓN LA EXPLICAMOS EN EL PRIMER CAPÍTULO: LA GENTE ESTÁ ALLÍ.

Puedes ampliar la caja mental de otros con tan solo contar una experiencia, con una frase, una imagen. Por ejemplo, si tienes un seguidor, un amigo, un fan... que te sigue en alguna red social y que piensa que está bien pegarle a los hijos para corregirles y que le obedezcan por miedo, y un día posteas un mensaje sobre la importancia de la obediencia amorosa, de que generemos respeto y no miedo, y que eso se hace a través del ejemplo y más, le darás a ese padre, en ese momento, la posibilidad de que vea algo distinto y lo habrás influenciado. Es tan simple como eso.

¿A CUÁNTOS AFECTAREMOS?

No digo que puedas llegar a afectar a todos, ni siquiera lo hizo Jesús, por eso envió apóstoles y discípulos que llevaran su obra y le fueran testigos en Jerusalén, en Judea, en Samaria y hasta lo último de la tierra. Lo importante es seguir su obra y ser sus testigos, pero si somos hábiles en la manera en que usamos las redes sociales, y si nuestro contenido es bueno, podremos ser testigos ante mucha más gente. Por ejemplo, Mark Zuckerberg, el fundador de Facebook, tiene más de dieciséis millones de personas que lo siguen, y con cada cosa que escribe, foto que sube, noticia que da, son cientos de miles de personas que interactúan con él al comentar sobre el asunto, al poner me gusta, o al compartir con otros lo que escribe... Eso es lo interesante de las redes sociales, pues una vez que logras interesar a alguien para que te siga porque tu contenido es bueno, podrás afectar positivamente a esa persona por mucho tiempo.

Imagina los viajes de Pablo, con todo el esfuerzo que tomaba ir de ciudad en ciudad para hablar las Buenas Nuevas de Jesús. A veces es agotador predicar un sermón, dar un taller o lograr mantener una reunión de jóvenes en pie. De modo que imagínate tener que viajar caminando o en carreta kilómetros y kilómetros para dar testimonio en otra ciudad. Todo eso para que, tiempo después, todos aquellos a los que les predicaste se pierdan y digas, como el apóstol alguna vez: «Todos los de la provincia de Asia me han abandonado» (2 Timoteo 1.15).

La tecnología logró derribar las barreras sociales, fronteras, distancias, diferencias políticas y todo tipo de muros que te imagines al permitirnos conectarnos unos con otros sin importar dónde nos encontremos. Aquello que hacía el apóstol Pablo a pie, hoy estamos a un clic de distancia de hacerlo, de sembrar la semilla de Jesús en una comunidad remota.

No digo que no haya que seguir haciendo misiones. Al contrario, es importantísimo, pero por cada misionero que enviamos, hay quinientos que se quedan, los cuales podrían estar dando testimonio permanente en las redes sociales a gente de pueblos incluso más remotos que los que podemos visitar con las misiones. En los pueblos más alejados, inmersos en guerras, con extrema pobreza o problemas de persecuciones, incluso allí ya está presente la Internet y las redes sociales.

LAS PUERTAS ABIERTAS AL MUNDO

Déjame contarte sobre el día en que conocí Facebook.

Hace unos once años atrás, un líder de mi iglesia me contó que había un programa llamado Skype, que servía para hacer llamadas a través de la Internet, que era buenísima la calidad del audio y que lo había comenzado a utilizar para hablar con su hija que estaba viviendo en Estados Unidos, a unos ocho mil kilómetros de su hogar. Como soy un *early adopter* (adoptador de nuevas tendencias) innato, alguien al que no le puedes contar nada nuevo porque al minuto ya lo está utilizando, allí mismo donde me lo mostraba me registré y comencé a usar Skype. Al día siguiente, dije: «Si esto le permite hablar con su hija en Estados Unidos, me debería permitir buscar a alguien allá que se encuentre conectado. Así podemos hablar y mejoro mi inglés». Entonces busqué contactos online y encontré a un tal Ed Prentice online y lo llamé... todavía no sé cómo me entendió una palabra de lo que dije, ya que mi inglés y el que podía hablar un perro no eran muy distintos; pero, de alguna manera, y luego de repetir de cinco a diez veces cada cosa que decíamos, nos logramos entender. En ese entonces ya me encontraba trabajando y estudiando desarrollo de software, y por esas cuestiones de Dios, este tal Ed era dueño de una empresa que desarrollaba un teléfono inalámbrico para usarse con Skype, y no solo eso, sino que él vivía en Palo Alto, la región de California mejor conocida como Silicon Valley, el lugar que vio nacer compañías como Intel, HP, Xerox y Facebook, y como si todo esto fuera poco, estaba estudiando español. Así que éramos la conjugación perfecta para ser compañeros de charlas. Como estaba en el lugar más concentrado de innovación de todo el mundo, cada vez que salía algo novedoso me lo comentaba, mucho antes de que fuera conocido. Un día me preguntó si usaban Facebook en Argentina, y le pregunté que con qué se «comía» eso, entonces me comentó que era una red social donde uno podía tener un perfil, amigos y más. Y me explicó que, al día siguiente, habría un concurso en las oficinas de Google, en donde había que programar una aplicación para Facebook durante un fin de semana, en un lenguaje de programación que no conocía, ya que era exclusivo de Facebook.

El desafío era descabellado, y lo acepté. Trabajamos treinta y seis horas seguidas, él desde la oficina de Google y yo en mi casa en Pilar (Buenos Aires); él se encargaba del diseño y los contenidos y yo de programarlo todo. Finalmente logramos construir la aplicación y presentarla. No ganamos, pero él quedó impactado por cómo había logrado aprender un nuevo lenguaje de programación en horas, cómo había entendido el concepto de Facebook, y la velocidad para armar una aplicación viral completamente funcional en menos de cuarenta y ocho horas. Al día siguiente, me propuso que trabajara para él, y lo hicimos juntos durante más de un año a distancia. Llegaba de la oficina a las nueve de la noche, cenaba algo y nos poníamos a trabajar juntos hasta la madrugada. Fue un tiempo de mucho esfuerzo, pero luego de ese año, en Argentina comenzaron a interesarse muchas personas y empresas por entender más sobre Facebook y su plataforma, y como era uno de los pocos que tenía un perfil en Facebook y Linkedin que decía: «Desarrollador de Facebook», comenzaron a llegarme consultas y clientes de un montón de países interesados en algún desarrollo.

Fue tan extremo el crecimiento, que un año después de comenzar a trabajar con esa red social renuncié al trabajo que tenía para dedicarme a crear mi propia empresa de desarrollo para Facebook. No fue sino hasta dos años después de que comencé a trabajar con aplicaciones de Facebook que vi el primer cartel en Buenos Aires que contenía el logo de esa compañía en una publicidad, todavía estaba muy novata, pero la velocidad era increíble. La vi crecer en Argentina desde unos pocos miles de usuarios hasta cerca de veinte millones en la actualidad, prácticamente el cien por ciento de la penetración en Internet que tiene mi país.

El punto es que, luego de ese fin de semana de trabajo, lo que más me había fascinado de Facebook como para decidir dedicarme a eso por los próximos años eran dos cosas. La primera, la posibilidad de hacer algo que utilizaran millones de personas; y la segunda, la posibilidad de entrar en contacto con cualquier persona del mundo. Con el tiempo entendí que no es fácil conseguir millones de personas para que participen en un juego o usen una aplicación, pero en comparación con el tiempo y el dinero que tomaba conseguir tráfico en un sitio web, la velocidad en que las cosas crecían en Facebook era increíble, y lo mejor es que resultaba barato, por el crecimiento viral y orgánico que se da en las redes sociales.

Si bien muchos años más tarde por fin desarrollé con mi empresa un producto (llamado The Fan Machine) que utiliza más

MATIAS PATERLINI_

de cinco millones de personas hasta el momento, la realidad es que, con tanta competencia de empresas que desarrollan juegos y servicios sobre Facebook, cuesta mucho conseguir una cantidad de usuarios considerable.

A cualquiera le gusta que valoren su trabajo, pero para un programador no hay nada más importante que asegurarse de que lo que uno desarrolla sea utilizado realmente, por esto era tan atractivo Facebook.

DIOS EN NUESTRAS RELACIONES

Si bien el acceso a muchos usuarios era superinteresante, lo que realmente me «partió la cabeza», si me permiten la expresión, era que podía enviar un mensaje o una solicitud de amistad a cualquier persona, y cuando digo cualquier persona, ¡digo cualquiera! Por ejemplo, un día le envié un mensaje al fundador de Facebook para comentarle que había encontrado un agujero de seguridad en un repositorio de archivos de código fuente, y él me contestó para agradecerme y confirmarme que ya había una persona revisando el asunto.

Hace varios años atrás se me ocurrió una idea: «Si quiero que alguien me tome en serio, debo estar bien conectado, porque cuando te conectas con alguien importante, el hecho de que tengas "amistad" con esa persona te da automáticamente relevancia a ti». Entonces comencé a agregar como amigos a todos los CTO o directores de tecnología de compañías importantes del mundo y a ponerme en contacto con ellos. Claramente eso terminó muy mal, porque cuando envías una solicitud de amistad a alguien y la persona la rechaza, si esto sucede con muchas otras, Facebook te bloquea al instante la posibilidad de enviar solicitudes de amistad y la posibilidad de enviar un mensaje a alguien que no sea tu amigo. Sin embargo, algunas personas vieron mi perfil y se interesaron, entre ellas la hermana de Mark, Randi Zuckerberg, que era la directora de marketing en Facebook y ahora tiene su propia empresa llamada Zuckerberg Media.

Con muchas de estas personas entré en contacto y, de a poquito, logré ganarme mi lugar en el mundo de los emprendedores de tecnología, y a estar, por lo menos virtualmente, vinculado a todo el movimiento de *startups* de tecnología de Silicon Valley y San Francisco. Y estar en contacto con esa gente importante también me permitió aprender mucho de ellos, sobre redes sociales, emprendimiento, inversiones, y además me abrió puertas a otras relaciones. Finalmente, como un camino lleva a otro, terminé conociendo a mis socios actuales a través de Facebook. No eran mis amigos en la realidad,

> «SI QUIERO QUE ALGUIEN ME TOME EN SERIO, DEBO ESTAR BIEN CONECTADO, PORQUE CUANDO TE CONECTAS CON ALGUIEN IMPORTANTE, EL HECHO DE QUE TENGAS "AMISTAD" CON ESA PERSONA TE DA AUTOMÁTICAMENTE RELEVANCIA A TI».

pero conjugamos nuestros potenciales y fundamos una compañía que ya lleva cuatro años como líder de soluciones de Facebook en Latinoamérica.

Sin ir más lejos, luego de que recibiéramos la distinción de *preferred developer consultant* (ahora llamados *preferred marketing developers*), uno de los beneficios que obtuvimos fue el acceso directo a correos de soporte que deben respondernos en menos de veinticuatro horas. También compartimos una serie de grupos cerrados con decenas de ingenieros de Facebook, con quienes tenemos comunicación directa tanto para reportar problemas como para sugerir cambios en la plataforma. De hecho, varios cambios que sugerimos mis socios y yo fueron tenidos en cuenta y, días o semanas después, fueron realizados; y otro tipo de beneficios fue acceder a programas de beta privadas de nuevas funcionalidades, a los que el resto de los millones de desarrolladores acceden meses más tarde.

Estar conectados nos predispone para la acción y nos permite llegar a lugares donde solos no podemos. En nuestra empresa, a los dos años de vida de la misma, decidimos tomar una inversión de capital de riesgo para poder trasformar la compañía, a fin de que pasara de ser una empresa de servicios a una empresa de productos; es decir, que lo que hacíamos para algunos clientes se transformara en algo escalable y que pudiera ser utilizado por miles de clientes. Uno de nuestros primeros inversionistas lo elegimos no por el dinero, ya que puso muy poco frente al resto, sino por su capacidad de generarnos contactos. Este inversionista es una aceleradora de *startups* de tecnología llamada NXTP Labs, que cuenta con un *network* de inversionistas y mentores de primer nivel, entre ellos, el fundador de Mercado Libre (única empresa de Latinoamérica en la bolsa del Nasdak, con una valuación de cuatro mil millones de dólares), Alec Oxenford, fundador de deremate.com, dineromail.com y mercadolibre.com, así como otras personas de similar calibre.

Para nosotros, como empresa de tecnología, estar conectados con ellos y tenerlos como mentores nos permite acceder a relaciones y lugares a los que no podríamos llegar solos.

Estar conectados es muy importante, pero es Dios quien bendice las relaciones y crea las oportunidades a nuestro alrededor. Debemos estar lo suficientemente dispuestos y atentos para identificarlas.

Dios quizá tenga un montón de personas preparadas para conectarlas contigo, pero debes estar atento y saber sembrar en las relaciones, pues no sabes si algún día podrás cosechar fruto de ellas. El fruto puede ser salvar a alguien de un suicidio, brindarle la salvación, hacer un buen negocio, encontrar tus próximos socios, encontrar a la madre o al padre de tus hijos, y más. No lo sabemos, solo Dios es omnisciente y tiene la capacidad de conocer el futuro, pero debes invertir tiempo en tus relaciones para que él pueda hacer en ellas lo que tenía planeado. Si Dios tiene un plan para tu vida, pero no lo ejecutas, no llegará a su fin, ya que Dios no te puede obligar para que hagas su voluntad. Él te puede presentar un montón de oportunidades a tu alrededor, generar situaciones para que te muevas, pero, en algún momento, debe haber un clic en ti que te mueva a la acción en dirección a la voluntad de Dios.

Lo mismo sucede con las relaciones. Dios te puede presentar mucha gente con la que quiere que tengas proyectos de vida, de ministerio, laborales... pero si no siembras tiempo en las relaciones, no podrás hallar esas oportunidades. Es por esto que acepto a prácticamente todo el mundo en las redes sociales, y la razón por la que mi perfil es completamente público, lo cual me ha permitido entrar en contacto con miles de personas y, de alguna manera, para bien o para mal, influenciarles en algo.

En resumen, la forma de sacar provecho de las redes sociales es estando allí para participar activamente y generar interacción con tus contactos; sembrar en tus relaciones para expandir tu *network* cada día más; ser ejemplo para influenciarlos positivamente; y transmitir con tus palabras comentarios y ejemplos que provengan del corazón de Dios para el mundo.

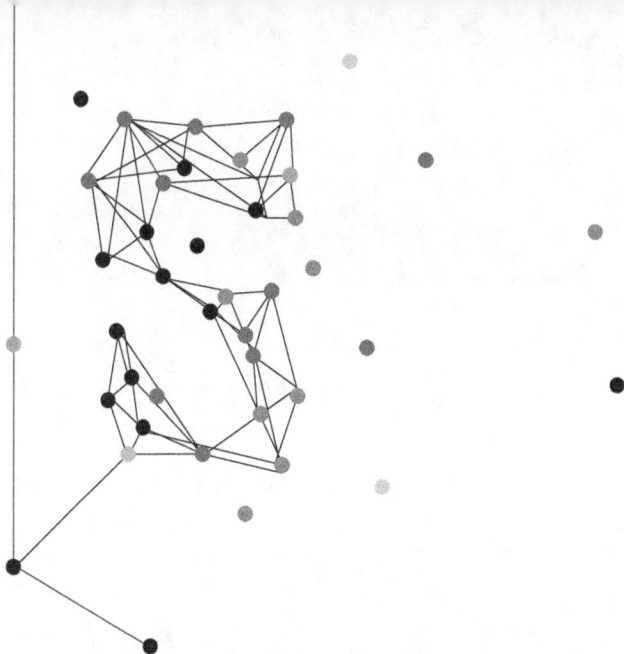

¿CÓMO LE PUEDES SACAR PROVECHO A LAS REDES SOCIALES PARA LA IGLESIA?

MANOS A LA OBRA

Ya hemos visto la importancia de aprovechar las redes sociales para generar impacto en mucha gente. Ahora nos enfocaremos en revisar de qué manera podemos aprovechar las que vimos en el capítulo tres.

FACEBOOK

Lo primero que debemos tener en cuenta en esta red son los distintos tipos de cuentas que existen. Existen cuentas o perfiles de usuarios, que básicamente tienen amigos, publican actualizaciones, y pueden crear páginas de fans. Luego existen las *business accounts* (cuentas de negocios), que solo permiten crear páginas de fans, y están las *ads accounts* o cuentas de publicidad, que solo permiten administrar la cuenta corriente desde la cual correr anuncios de Facebook.

Por mucho tiempo la gente desconocía cómo crear una página de fans, razón por la cual muchos ministerios, iglesias, marcas y empresas utilizaban perfiles de usuarios en vez de *fan pages*. Esto rápidamente generaba un problema, ya que Facebook es muy celoso de que todos los perfiles sean reales y se usen como corresponde. Por ejemplo, en mi empresa, todas las pruebas que realizamos de las aplicaciones debemos hacerlas con nuestras cuentas reales, ya que si usáramos falsas, corremos el riesgo de perder nuestro estatus de PMD. Facebook permanentemente da de baja perfiles falsos, o perfiles que no representan personas reales, y se vuelve imposible recuperarlos, por lo cual debemos tener mucho cuidado con esto. Los perfiles de usuario, a diferencia de las *fan pages*, tienen un límite de cinco mil amigos; en cambio, las páginas de fans pueden aceptar ilimitados suscriptores que digan me gusta y que, por lo tanto, reciban las actualizaciones que postean los administradores de las páginas.

Una de las dudas más comunes es si una figura pública debe tener un perfil de usuario o una *fan page*. Hasta hace no mucho tiempo atrás la respuesta hubiera sido determinante: que tenga una *fan page*; pero como Facebook vio que todavía había perfiles de usuarios que llegaban rápidamente a los cinco mil amigos, lanzaron un botón que permite seguir a un usuario. De esta manera, cada vez que el usuario publique algo, todos sus seguidores también verán las actualizaciones, por más que no sean sus amigos, siempre y cuando el nivel de permisos de visualización de dicha publicación sea abierto a todos. Si elijes que tus amigos nada más vean la publicación, tus seguidores nunca se enterarán de ello.

Le recomiendo a los pastores, líderes y figuras públicas que, en vez de tener una *fan page*, tengan un perfil de usuario con todos los beneficios que esto tiene, como el chat, las listas de amigos y los grupos, y que usen la funcionalidad de los seguidores, para que aquellos que quieren serlo, lo puedan hacer, por más que no sean amigos.

Si rechazas la solicitud de amistad de alguien a quien no conoces, la persona se mantiene como tu seguidor. En algunos casos esto te puede generar una impresión negativa con tus seguidores. Si eso te preocupa, deberías tener una *fan page*. Si el pastor es muy conocido y desea instalar aplicaciones en su perfil, también debería usar una *fan page*. El botón que permite que tengamos *followers* o seguidores se lanzó mientras se escribía este libro, y de momento no viene habilitado por defecto, sino que debemos activarlo en la configuración de nuestra cuenta.

Continuando con las diferencias entre los perfiles de usuarios y las páginas, uno de los puntos importantes es que las páginas tienen administradores que pueden ingresar a hacer modificaciones como realizar publicaciones, instalar promociones, mirar estadísticas de crecimiento de la página y más, bajo un sistema de roles que uno les va asignando. Sus roles son importantísimos, ya que si lograste hacer crecer una comunidad que tiene una gran cantidad de seguidores, pero de repente el único administrador que tenías pierde el acceso a su cuenta, o se la hackean, o se va de la iglesia por un problema con el pastor, o sucede cualquier cosa, pues se pierde el acceso a la página con todos los fans, y hay que comenzar a construir una nueva comunidad. Esto es un problema serio, ya que no solo se perdió la comunidad existente, sino que la nueva competirá por mucho tiempo con la anterior, ya que no puedes borrar una página a no ser que seas el administrador. Así las cosas, tener claro a quién ponemos como administrador de nuestras páginas es importantísimo y puede llegar a ahorrarte semanas de esfuerzo intentando recuperarla, lo que en la mayoría de los casos no tiene éxito.

Si en tu iglesia tienes a un joven encargado de la actualización de los perfiles sociales, asegúrate de que quede marcado con el rol de colaborador, lo cual le permite publicar contenido y moderarlo, para que no tenga permisos de más que no necesita, y reserva la posición de administradores a dos o tres personas que tengan experiencia y que estén establecidos en la iglesia para que en ningún momento la página corra riesgo.

Otra de las diferencias más sustanciales que hay es que los perfiles de usuarios no admiten la posibilidad de instalar aplicaciones de Facebook, a diferencia de las páginas. Si no puedes instalar aplicaciones, te pierdes de la posibilidad de utilizar cualquier tipo de plataforma de marketing social, lo cual te permite incrementar no solo la cantidad de me gusta o fans de tu página, sino el *engaging* o nivel de involucramiento de los usuarios.

Crear una comunidad toma mucho tiempo, pero mantener una buena proporción entre la gente que dijo me gusta y la cantidad de gente interactuando con la página cuesta mucho trabajo de los *community managers* (administradores de comunidad). Facebook llama a esa relación de porcentajes «*people talking about this*» y es básicamente el porcentaje de gente que al menos dice *like* a los comentarios, comenta, comparte o postea en el muro de la página. Ese número va cambiando periódicamente con base en las interacciones de los usuarios.

Una comunidad es exitosa cuando el porcentaje de gente que habla del producto es alto, porque quiere decir que los fans que tiene la página son reales. Hay muchas empresas que básicamente venden fans, lo cual hacen porque tienen miles de perfiles falsos que utilizan para eso, y que con programación, los transforman tanto que parecen completamente reales.

Tienen fotos, amigos, *checkins*, publican contenido cada cierto tiempo y los amigos (también falsos) los saludan en el cumpleaños. Es una increíble maquinaria para generarles fans falsos a las páginas de sus clientes. El problema de utilizar este tipo de servicios es que esos perfiles, una vez que pasan a ser fans de nuestras páginas, jamás volverán a interactuar allí, y eso va en perjuicio de la página.

Una página con un porcentaje de gente interactuando menor o igual al diez es malo, algo menor o igual a veinte es bueno, menor o igual a treinta es muy bueno, y mayor a treinta es excelente.

A diferencia de estas empresas, hay otras que trabajan legalmente y bajo todas las políticas de Facebook, como la nuestra, que ofrecen distintos servicios que le permiten a uno, al final, terminar ganando más fans y aumentando el nivel de interacción de los fans existentes. Por ejemplo, mi empresa, The Fan Machine, se dedica a ofrecer una plataforma de promociones, concursos y sorteos que funcionan dentro de la *fan page*, y no somos ni los únicos ni los primeros en hacer algo así, pues hay otras compañías como Wildfire, Vitrue, Involver y Buddy Media que se dedican a esto también. Y para que entiendas lo provechoso que es utilizar estas aplicaciones, todas esas compañías fueron vendidas en 2012 a valores entre 250 y 700 millones de dólares.

Déjame darte un ejemplo. Grupo Clarín es una compañía multimedia gigantesca de Argentina que tiene el diario de mayor tirada del país, y un grupo de hasta cien empresas que pertenecen a la misma firma, entre ellas canales de televisión, revistas, portales web. Cuando comenzaron a usar nuestra plataforma, tenían 250 mil fans y tan solo el diez por ciento estaba interactuando con la página. Luego de ocho meses de utilizar nuestra plataforma y realizar hasta diez concursos en simultáneo y permanentemente, logró pasar de esa cifra a dos millones de fans, y de ese porcentaje de gente hablando a un treinta y seis por ciento.

> UNA COMUNIDAD ES EXITOSA CUANDO EL PORCENTAJE DE GENTE QUE HABLA DEL PRODUCTO ES ALTO, PORQUE QUIERE DECIR QUE LOS FANS QUE TIENEN LA PÁGINA SON REALES.

Mi socio y yo tuvimos el placer de reunirnos en las nuevas oficinas de Facebook en Menlo Park, a finales de 2012, con los directores de producto y desarrollo de la sección de páginas, porque querían entender un poco más qué era lo que estaba sucediendo en América Latina, y como somos *preferred marketing developers*, pues nos invitaron a reunirnos para que les contáramos qué necesidades teníamos en las páginas. Allí les comentamos cómo venía la tendencia en Latinoamérica y les mostramos algunos ejemplos de clientes, entre ellos el de Clarín. Lo interesante de esto es que lo primero que miraron no fue la cantidad de fans, sino de gente interactuando, porque eso les da a ellos la pauta de que esos fans son reales.

Facebook tiene un interés muy particular porque todo sea real y transparente. Por ejemplo, uno de sus desarrolladores no puede usar una cuenta de pruebas para trabajar, sino su cuenta real; y si no la usa, es «castigado» por no hacerlo. No solo le cierran el perfil al momento de detectarlo, sino que pueden llegar a bloquear y clausurar todas las aplicaciones que haya desarrollado con ese perfil falso. De la misma manera pasa con los perfiles falsos de usuarios. Ellos tienen muchos robots que están permanentemente analizando la información y las interacciones de las personas para detectar perfiles falsos, y cuando lo hacen, de forma automática son borrados. De hecho, a veces en las promociones de nuestros clientes se registran participantes con perfiles falsos y muchos de ellos son borrados por Facebook a las pocas horas. Es por eso que cuando esta compañía dice que tiene mil millones de usuarios activos, hay que creerle, porque son usuarios reales, que al menos se conectan cierta cantidad de horas al mes.

GRUPOS DE FACEBOOK

Sus páginas no son la única herramienta grandiosa; también están los grupos. Uno puede crear abiertos, donde se deja entrar a todo el mundo o el administrador tiene que aceptar las solicitudes; y privados, a los que solo se puede acceder con una invitación.

Los grupos son fantásticos. Déjame darte un ejemplo. Hace un tiempo atrás a mi madre, que es prácticamente adicta a Facebook, se le ocurrió empezar a postearme enormes publicaciones en mi muro a fin de decirme que debo cuidar mi salud, o colocaba material sobre grafología, o alguna noticia de la televisión, o a veces mensajes que mostraban su enojo porque, como vivo lejos, no la visito como me gustaría. Cada vez que hacía esto, todos mis clientes, empleados, seguidores, la gente que me tiene cierto nivel de respeto, todos ellos y muchos más veían sus publicaciones, por lo cual decidí crear un grupo cerrado que se llama «La familia de Matias», en donde puse a toda mi familia, la de mi esposa y algunos amigos cercanos, para que cada vez que quiera «retarme» (a quien quiera a esta altura tiene treinta años, casado, tres hijas y cuatro empresas fundadas), pueda hacerlo sin afectar mi reputación.

Los grupos nos permiten compartir publicaciones, fotos y vídeos entre los integrantes; es decir, que un grupo funciona como una red aparte, como un subconjunto dentro de tu estructura social en donde todo lo que publicas ahí (todas las interacciones con las personas del grupo) quedan privadas y restringidas. Otra herramienta interesante es la capacidad de crear documentos compartidos, realizar encuestas, hacer preguntas, lo cual se vuelve superinteresante a la hora de coordinar un proyecto con la gente del grupo. De modo que podrías tener un grupo con los integrantes del equipo de alabanza, por ejemplo, y allí podrías hacer lo siguiente:

- compartir canciones nuevas que crees que deberían incorporar al repertorio,
- coordinar qué canciones tocarán en el servicio de tal día,
- hacer una encuesta sobre el resultado de un certamen para encontrar cuáles fueron los puntos a favor y en contra,
- invitar a futuros integrantes para que entren en contacto con el equipo y
- coordinar en un documento los responsables de cada área en un evento, y mucho más.

También podrías tener un grupo específico con los líderes de la iglesia, donde no solo puedes hacer todo lo que escribí antes, sino darles un espacio donde se puedan expresar con nuevas ideas para la iglesia, o abrir su corazón y decir cómo están, cómo se sienten; un espacio donde la relación se estreche y se genere unión.

En las iglesias, cuando hay división, es porque claramente no había unión suficiente. Tengo la regla de los diez años. No discuto de religión ni de doctrina hasta que no hayamos sido amigos por diez años. De tal manera que una discusión no pueda mermar el amor de uno por el otro, ni poner en juego la relación.

Las relaciones son más importantes que las razones. Uno debe construir las relaciones e invertir tiempo en ellas. Los grupos de Facebook nos permiten generar los espacios para fortalecer las relaciones con determinado grupo de personas con las que compartimos un propósito, necesidad, carga o llamado.

LINKEDIN
Aquí podemos asegurar nuestra credibilidad.

Si hay algo degradante, puesto en duda permanentemente, con casos horribles que manchan su nombre, es lo relacionado con la iglesia y sus pastores. Las malas experiencias de algunas personas con algunas iglesias o sus pastores fueron suficientes para que la gente tildara a la iglesia cristiana de secta, de que allí «lavan» el cerebro, de que son todos locos o, en el peor de los casos, que el único objetivo de esos líderes es sacarle dinero a la gente. Esto es lo que piensa el mundo de las iglesias. Hasta que de repente conocen a alguien respetable que es cristiano, y empiezan a replantearse su forma de interpretarla.

Cuando me acerqué a la iglesia, lo primero que me dijeron en mi casa al ver todos mis cambios en los hábitos fue: «Te lavaron el cerebro». Con el tiempo, mis padres se acercaron a la iglesia también y pudieron quitarse los prejuicios sobre la misma. Sin embargo, la forma de mostrarles que esto no era una secta fue al seguir tres pasos:

1. demostrar con el ejemplo que estaba cambiando para bien y no para mal,
2. explicarles que las sectas son cerradas y no abiertas, y que ellos podían acercarse y entender de qué se trataba, y
3. demostrar que los líderes eran gente respetable.

Entonces esta red nos ayuda con el tercer punto, ya que nos permite construir una reputación con base en las conexiones que uno tiene y que nos pueden recomendar. Cuanto más grande es la talla de quienes nos recomiendan, más útil y valiosa es la recomendación. Creo que todos los líderes y pastores deberían estar en Linkedin, a fin de que cuenten qué estudiaron, dónde trabajaron, cuál fue su carrera, cuál es su área de conocimiento, si tuvieron algún reconocimiento (asociación en grupos pastorales).

DE MODO QUE ESTA RED NOS AYUDA A CAMINAR ENTRE LA GENTE COMO HACÍA JESÚS (AL DAR CONSEJOS), PERO MÁS QUE NADA AL ESCUCHAR LO QUE TE DICEN.

Todo para que puedan construir una reputación online, más allá de la que puedan tener fuera de la pantalla. Esta red es el lugar en el que debería estar un pastor que quiere construir confianza en un mundo donde, a los tres minutos después de que alguien nos nombra, ya nos están buscando en Internet y en las redes sociales.

TWITTER

Para el caso de esta red, si eres un líder o aspiras a serlo, puede permitirte que la gente te conozca bien, en las cosas simples que constituyen a una persona.

Los líderes no son seres celestiales con mantos brillantes que no pueden ser tocados. Los buenos líderes son servidores que caminan entre la gente, que no esconden sus defectos ni se escabullen de la gente, sino que corren hacia la necesidad de su prójimo. Y la necesidad también está en las redes sociales.

Estar en Twitter te permite expresarte brevemente sobre aquello que estás pensando o haciendo, decir una frase que tienes en mente, y más; pero la manera de hacerlo, a diferencia de Facebook, es mucho más desestructurada. Para empezar, por cada cosa que publicas, cualquier persona, por más que no sea un seguidor tuyo ni que le sigas, puede dejarte una respuesta, puede marcar como favorito aquello que expresaste, o puede compartirlo con sus amigos al hacerle un *retweet*. De modo que esta red nos ayuda a caminar entre la gente como hacía Jesús (al dar consejos), pero más que nada al escuchar lo que te dicen. Quién sabe si un día, de tanto caminar, tal vez te des vuelta hacia atrás y encuentres, como le pasó a Jesús, unas cinco mil personas que te siguen...

En un mundo nuevo donde la reputación y la influencia determinan gran parte de los resultados de nuestras acciones, contar con una comunidad de gente que apoye nuestras iniciativas es clave. Con Twitter podemos construir gran parte de esa comunidad.

GOOGLE PLUS

Con esta red puedes coordinar reuniones de trabajo de una manera superdinámica al utilizar los Google Hangouts para hacer una videoconferencia múltiple, donde todos los participantes puedan interactuar en la construcción de las definiciones de lo que se discute.

El liderazgo que pretende dar órdenes y que los demás simplemente las sigan puede caer en el peligro de creer que lo sabe todo, y perderse de aprovechar la inteligencia colectiva y el consejo de los líderes, e incluso de la iglesia. Dios dice que «la guerra se hace con buena estrategia; la victoria se alcanza con muchos consejeros» (Proverbios 24.6). Hacer reuniones abiertas donde la construcción de las decisiones se basa en la colaboración puede abrirnos puertas a un nuevo tipo de acciones que nos lleven a espacios que desconocemos. Google nos ayuda a armar círculos de confianza con los cuales podemos trabajar determinados temas sensibles de la iglesia, ya sea para unir ideas, armar videoconferencias, mantener en contacto a los miembros y mucho más, con el objetivo de articular los dones de Dios en función de seguir adelante su obra de la mejor manera posible.

FOURSQUARE

Este medio nos sirve por todo el contenido viral que sabemos que tiene y que explicamos en el capítulo tres, en especial cómo el hecho de conseguir *badges* y *mayorships* de los lugares mantiene a los usuarios en una sana y divertida competencia, e involucrados para volver a utilizarlo regularmente. El objetivo de esta red social se basa en que los usuarios y consumidores marquen la reputación de los lugares a los que asisten, que dejen fotos, *tips* de por qué es bueno ir ahí...

Si lo pensamos a favor del ministerio, tener a nuestra iglesia en Foursquare bien presentada, con buenos *reviews* y fotos de los usuarios, y una comunidad interesante de gente que hace *check-ins* permanentemente, nos permite darle una buena reputación a nuestra iglesia y la pone en el mapa de una manera útil. De modo que esta red nos muestra quiénes de nuestros amigos estuvieron en este lugar, lo cual lo convierte, potencialmente, en una herramienta de evangelismo. Por otro lado, imagínate

EN UN MUNDO NUEVO DONDE LA REPUTACIÓN Y LA INFLUENCIA DETERMINAN GRAN PARTE DE LOS RESULTADOS DE NUESTRAS ACCIONES, CONTAR CON UNA COMUNIDAD DE GENTE QUE APOYE NUESTRAS INICIATIVAS ES CLAVE.

que un cristiano se muda a otra localidad, a otro país o lo que sea. Si todas las iglesias tuvieran publicada su ubicación, sería muy fácil para todos encontrar un lugar para congregarnos cerca de nuestro hogar.

PINTEREST

Aquí tienes un lugar ideal donde puedes hacer que los jóvenes suban las fotos de las actividades que realizan, para que puedan tener allí un punto de encuentro con el fin de invitar a sus amigos o relaciones a conocer qué es lo que hacen de una manera divertida. Por ejemplo, allí tengo un solo *board*, el cual contiene imágenes de algunas de las apariciones en prensa que tuvo mi empresa, vinculadas a la nota en el medio en el que fue publicada. Cuando quiero explicarle a alguien de qué se trata mi empresa, le paso automáticamente el *link* del board en Pinterest, para que así puedan entender. Y lo mismo podrías hacer para tu iglesia o tu reunión de jóvenes.

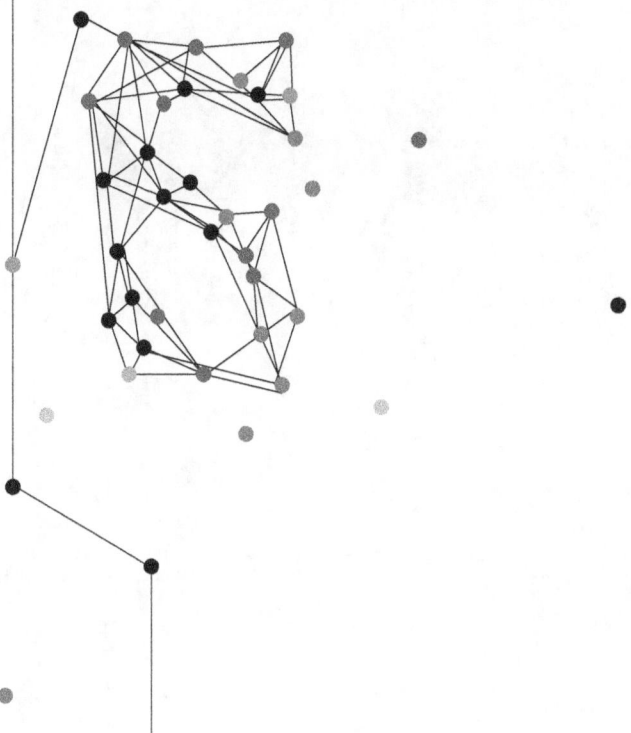

¿CÓMO LE PUEDES SACAR PROVECHO A LA WEB?

Si dijéramos que la Internet es igual a las redes sociales, definitivamente nos quedaríamos muy cortos. Mucho antes de que las redes sociales surgieran, había cientos o miles de millones de personas que ya usaban Internet y se las arreglaban para comunicarse, organizarse, y aprovechaban sus servicios. Las redes sociales nos permitieron llevar al extremo la comunicación, socialización y expresión, pero fuera de las redes hay un sinfín de servicios y productos que pueden traerte mucho provecho en lo personal y para la iglesia. En la Internet hay miles de *startups* de tecnología que desarrollan utilidades de todo tipo, tanto de entretenimiento como de organización, que llevan al límite nuestro potencial. Déjame darte una lista de algunos ejemplos de servicios útiles que encontramos en la web y que utilizo para cuestiones personales, de servicio y de trabajo. Solo tienes que buscar los nombres en Google para encontrarlos.

WORDPRESS, BLOGGER, TYPEPAD, TUMBLR Y OTROS

Los blogs tuvieron un momento de esplendor en la historia de Internet, pues le permitían a la gente expresarse de la manera en que lo desearan: con textos, imágenes y vídeos, muy similar a lo que hacemos en las redes sociales, con la sutil diferencia de que, salvo que le dijéramos a nuestros amigos, conocidos, clientes, colegas... que teníamos un blog en donde publicábamos novedades, este no tenía tráfico y rápidamente perdía el sentido. Entonces uno se tenía que enfocar en crear muy buen contenido, en construir una comunidad de suscriptores a una *newsletter* mensual o quincenal para mantenerlos enterados de lo que uno publicara, o lograr que se suscribieran a nuestro RSS, un sistema que permite descargar diariamente las actualizaciones de un blog con programas como Feedly, Taptu, Flipboard, o Google Reader (servicio recientemente dado de baja por Google). Esto tomaba mucho trabajo y tiempo. Por esta razón, y por el surgimiento de las redes sociales, hubo un filtro importantísimo y solo los buenos blogs, de gente interesante, que publican contenido interesante, lograron subsistir.

Entonces se crearon con el tiempo muchos *plugins* que hoy permiten socializar el contenido que generamos en los blogs, lo cual logra atraer tráfico desde las redes sociales hacia el blog. Si bien las redes sociales son el mejor canal para viralizar un contenido, muchas veces no nos permiten mostrar ni decir las cosas de la manera que queremos. En un artículo de un blog podemos embeber audio, vídeo, imágenes y textos en distintos formatos, mientras que en las redes solo podemos subir una imagen con un texto que la relacione.

DROPBOX

Este es un servicio de sincronización de archivos y *backups* en Internet. Supongamos que tienes una PC en tu casa o en la iglesia y temes que se te rompa o que alguien te la robe o pierdas la información que tenías almacenada; o quizás tengas más de un equipo en tu hogar y la oficina y necesites tener la información en ambos ordenadores sincronizada. Resolver estos inconvenientes ha sido un gran problema, costoso y tedioso, hasta que aparecieron los servicios como Dropbox, que es el más estable y robusto del mercado, el cual resolvió este problema de una manera barata y simple, en donde no debes preocuparte por hacer respaldos, por esconder los mismos, por asegurarte de que estén actualizados o que los discos físicos no se corrompan ni corroan. En ese sentido, este servicio corre con un programa dentro de la computadora, y está permanentemente observando los archivos que colocas en la carpeta de Dropbox, a fin de asegurarte que, al menor cambio en los mismos, automáticamente se sincronice tu carpeta con sus servidores en Internet, y solamente sube aquel archivo que fue modificado. Entonces, por más cristianos que seamos, en nuestras iglesias también se rompen los discos duros, la gente borra cosas por equivocación, e incluso también nos han robado. Por lo que tener la información respaldada, con la capacidad de sincronizar la cuenta y volver a tener todo como estaba antes en cuestión de horas, no tiene precio.

Y literalmente no tiene precio, pues con hasta 2,5 gigas es un servicio gratuito, y hasta con cien, solo diez dólares al mes.

GOOGLE DRIVE Y GOOGLE DOCS

Google Drive es un servicio similar a Dropbox, pero de Google, donde podemos sincronizar una carpeta de archivos existentes y crear archivos online, servicio que antes proporcionaba Google Docs. Si ingresamos en drive.google.com, podremos acceder a una herramienta web de colaboración de archivos online. Allí puedes crear documentos de texto, planillas de cálculo, presentaciones, formularios o dibujos de una manera completamente colaborativa. Cada vez que creas un documento, puedes invitar a colaboradores, que ven en tiempo real los cambios que hace cada uno. Hasta tienes un *chat* incluido donde pueden conversar sobre los cambios. A diferencia de Dropbox, para usar Google Drive necesitamos tener Internet. De lo contrario, no podemos editar los documentos. Sin embargo, Google Drive nos permite la colaboración múltiple online en tiempo real, cosa que no se permite con Dropbox.

WIKIPEDIA

Es una enciclopedia online completamente gratuita que se construye por los usuarios de Internet y se modera por los mismos. Ya contiene millones de artículos que puedes consultar sobre todo tipo de cosas, personas, empresas, historia, lugares... Definitivamente una excelente herramienta de consulta si necesitas buscar información sobre determinado tema de manera rápida y en formato digital. Sin embargo, al ser construida por los usuarios, la información publicada en la misma no es completamente fiable, ni tampoco demostrable. Si la información que buscas debe reflejar perfectamente la realidad sobre dicho tema, es mejor ir a otro tipo de fuentes verificadas como diccionarios, enciclopedias, libros de estudio, etc. cuyos escritores cuentan con las credenciales necesarias para hablar con fundamento sobre el tema en cuestión.

SURVEY MONKEY

Si necesitas crear una encuesta, puedes hacerlo gratuitamente con esta herramienta. También puedes hacerlo con los formularios de Google Drive, pero con esta plataforma tienes acceso a reportes y gráficos sobre las respuestas de los usuarios, cosa que con Google no pasa, ya que el formulario que llena la gente solo alimenta los registros de una planilla de cálculo de Google Drive.

MAILCHIMP

Si necesitas armar una lista de correo, lo más conveniente es utilizar Mailchimp. Es gratuito hasta dos mil suscriptores, y luego los precios son superbaratos, además está en muchísimos idiomas. Tiene *plugins* para utilizar en los blogs y la interfaz es muy simple de utilizar, tanto para configurar las listas de correos como para mandar las campañas.

HELP IQ Y ZENDESK

Son servicios para hacer soporte online donde las personas pueden dejar sus preguntas y un administrador les contesta. Con base en las respuestas, se forma una base de información que sirve para que las personas puedan encontrar sus respuestas por sí solas.

YOUTUBE Y VIMEO

Si quieres viralizar un vídeo, definitivamente debes subirlo en estas plataformas y, desde ahí, compartirlo en las redes sociales. YouTube es una red social en sí misma, ya que la gente puede hacer comentarios, compartir, y ponerle me gusta a los contenidos. No obstante, que esté subido allí no es suficiente; también debes compartirlo en tus comunidades en otras redes sociales para poder viralizarlo.

BASECAMP

Si quieres manejar un proyecto profesionalmente, debes probar esta herramienta, que te permite manejar calendarios de entregas, listas de tareas, mensajes entre los usuarios, y archivos relacionados al proyecto. Cada vez que recibes un correo-e con un mensaje, puedes contestarlo y, automáticamente, se carga tu respuesta en Basecamp, con lo cual le llega por correo-e a todos los integrantes del proyecto.

TRELLO

Si quieres ordenar tu lista de tareas, o seguir algún patrón GTD (Get Things Done), tienes muchas alternativas en Internet. Google Tasks, Evernote, Basecamp, Remember The Milk y mil más funcionan, pero uno de los más posicionados de momento es Trello, que te permite organizar ítems o tareas a resolver en distintas listas. Las listas básicas son: «Para hacer», «Haciendo» y «Hecho». Sin embargo, puedes crear nuevas listas, como por ejemplo: «Algún día». Luego, al hacer *drag & drop* (clic y arrastre), puedes mover ítems de lista en la medida en que haces tus tareas. Además, es completamente gratuito y tienes una interfaz móvil muy buena. De modo que si queremos marcar la diferencia en este mundo acelerado y revolucionado, necesitamos organizarnos.

Finalmente, podrían escribirse cientos de libros de la cantidad de servicios disponibles en la red, pero he listado los más relevantes en términos de organización y productividad. Solo tienes que animarte a probar algunos y a buscar en Google otros más que te simplifiquen tu trabajo diario.

7

¿CÓMO DEBES EVITAR PROBLEMAS EN LAS REDES SOCIALES?

La razón primordial de la resistencia al cambio es el miedo, el cual nace de la desconfianza. La forma de generar confianza en alguien es al conocerlo. Espero que en esta etapa del libro ya hayas conocido las virtudes más importantes de la web y las redes sociales. Sin embargo, hay muchas razones que algunas personas utilizan para justificar que las redes sociales no son buenas, como las siguientes:

1. hay muchas personas que se divorcian por culpa de las redes sociales,
2. las redes sociales e Internet incitan a la promiscuidad y la pornografía,
3. las redes sociales promueven el chisme y la murmuración,
4. los chicos pierden una increíble cantidad de horas en las redes sociales, y
5. hay personas que son secuestradas por culpa de la información personal que se encuentra en Internet.

Pues bien, hablemos sobre estos puntos de la siguiente manera.

ENGAÑOS, PORNOGRAFÍA, CHISMES Y OCIO

Muchas personas le echaron la culpa de sus divorcios a las redes sociales, ya que encontraron al cónyuge en conversaciones inapropiadas con una tercera persona.

La verdadera razón por la cual hay engaños es por nuestra naturaleza pecaminosa. Antes que estuviera Facebook para simplificar nuestra comunicación y el acceso a nuevas relaciones, estaban los SMS; antes de eso, el chat; y antes, el Mirc o el ICQ; mucho antes, las secretarias con las que engañaban los ejecutivos a sus mujeres; y mucho, mucho antes, los burdeles... Y no terminaríamos.

Recuerdo que hace unos seis años atrás (antes que existiera Facebook en Argentina), un compañero de trabajo me comentó todas sus estrategias con ICQ para conocer nuevas chicas y mantener varias relaciones a la vez, que luego reemplazó por Messenger y Skype. De la misma manera sucede con la pornografía. Antes que estuviera en Internet, estaba en las revistas (que todavía hoy se venden), estaba en las amistades que promovían que los varones debutaran con una prostituta cuando eran jóvenes, y todo esto ya existía en la realidad. De modo que ahora también está en lo virtual. Mientras culpamos a las redes sociales porque nos incitan a murmurar, al chisme permanente frente a lo que hacen nuestras amistades, de la misma manera sucedía hace siglos con la señora que, mientras limpiaba la vereda de la casa, charlaba con las vecinas y se enteraba de todo lo que sucedía en el barrio.

El engaño, el vicio de la pornografía, la adicción al ocio, o la inclinación a las conversaciones indecentes o la murmuración son problemas que están considerablemente lejos de ser algo tecnológico o de acceso a la información, que es lo único que representa la web. El contenido que hay en Internet no puede ser controlado, censurado, ni podemos pretender que deje de existir, porque está ahí, latente.

Nuestro desafío como cristianos, y principalmente como líderes, es trabajar con las personas a fin de generar nuevas conversaciones que los motiven y desafíen, para que inviertan bien su tiempo y sus vidas y que no caigan en los vicios más comunes de la carne. Porque la Biblia enseña: «No se dejen engañar: "Las malas compañías corrompen las buenas costumbres"» (1 Corintios 15.33).

La manera en que se evita una conversación es al entablar otra más importante. La manera en que hacemos que un padre no engañe a su esposa no es al decirle que no lo haga, sino al hablarle de los valores, de las bendiciones de tener una familia en el Señor, del increíble ministerio que pueden tener dos personas unidas por Dios para trabajar en equipo. De la misma manera, la forma en que hacemos que alguien deje de perder el tiempo en la pornografía no puede ser diciéndole que no lo haga.

No podemos pretender que eso solucione el problema; tenemos que motivarlo y desafiarlo a encontrar a la mujer que Dios tiene para su vida (aquella que será su perfecto complemento), a mantenerse tan santo y puro como le sea posible para aquella persona que Dios ya le preparó (y que no necesita estar probando aquí y allá para ver si es o no compatible). Tenemos que provocarlos a buscar proyectos por los cuales entreguen su vida, y que esto les ocupe su agenda.

Si le decimos a la gente: «No murmure», las dos componentes de nuestro mensaje son murmuración y negatividad; pero si nos enfocamos en enseñarles sobre sembrar tiempo en las relaciones, en apostarle a la amistad, ser sinceros y transparentes para vivir sanamente, con relaciones mejores; si les hablamos de las oportunidades que pueden encontrar en las relaciones, justamente ese mensaje es mucho más poderoso que decirle que no murmure.

> **NUESTRO DESAFÍO COMO CRISTIANOS, Y PRINCIPALMENTE COMO LÍDERES, ES TRABAJAR CON LAS PERSONAS A FIN DE GENERAR NUEVAS CONVERSACIONES QUE LOS MOTIVEN Y DESAFÍEN PARA QUE INVIERTAN BIEN SU TIEMPO.**

Nadie llega más lejos de lo que su red de relaciones le permite. Si murmuramos, ensuciamos el corazón y nuestras relaciones, y ahogamos la tierra en la que Dios sembró semillas de relaciones productivas. Estos problemas no son nuevos; vienen de generación en generación. De lo contrario, Dios no hubiera hablado tanto en su Palabra sobre el adulterio, la fornicación, la murmuración, o la pereza.

Evitar caer en estos pecados es una decisión, pero para que la persona pueda decidirlo tiene que estar perfectamente convencida de que hay una costumbre mejor que puede desarrollar.

La solución está mucho más allá de negar el acceso a las redes sociales; es entender que hay mucho más provecho en mantener otras conductas.

Al poco tiempo de casarme, estábamos pasando un tiempo económicamente difícil. Estaba creando mi empresa, pero no ganaba dinero, y me dediqué a buscar trabajo. Me ofrecieron uno genial como desarrollador de tecnología web de alto tráfico, pero luego de indagar un poco, descubrí que era para un sitio de pornografía. Aunque jamás estaría en contacto con una foto o vídeo, el fin de mi trabajo iría a parar a ese mercado. Así que rechacé la oferta de inmediato, a pesar de mis necesidades. Por lo tanto, estar plenamente convencido de que Dios me daría un trabajo honrado me permitió tomar una decisión sin lugar a la duda. Sin embargo, no todos lo creyeron como yo, ya que había dos «cristianos» más en esa empresa. Finalmente, el Señor me puso en un trabajo, y allí me enseñó cosas que me sirvieron para mis siguientes labores, y ello me permitió ir escalando haciendo uso de un montón de oportunidades que puso Dios. Y aunque todo terminó bien, tuve el convencimiento de que un peso de la mano de Dios es mejor que mil que no vengan de él (como decía Daniel frente a la comida del rey Nabucodonosor).

En suma, si logramos convencer a la gente de las promesas increíbles de Dios para el matrimonio, la familia, las relaciones, será muy fácil para ellos mantenerse fuera del mal uso de las redes sociales.

SEGURIDAD Y PRIVACIDAD EN LAS REDES SOCIALES

Dos de los problemas más grandes de las redes sociales son la privacidad y la seguridad. Hoy en día no hay nada que no pueda ser controlado en las redes sociales. Puedes elegir con quién compartir cada cosa que publicas, o borrar un contenido si lo deseas, hasta cambiarle la regla de privacidad después de publicarlo. Es más, puedes configurar tus perfiles para que por defecto todo lo que publiques siempre lo vean solo tus amigos; o si quieres, que solo tus amigos puedan comentar tus publicaciones, o vean tu información de contacto. Todo eso lo puedes configurar.

Entonces, ¿debemos tener perfiles públicos o cerrados?

No hay una respuesta correcta para esto. En mi caso, tengo una cierta cantidad de gente que me sigue por las charlas de emprendimiento que doy, o por las de tecnología en espacios universitarios. Por lo tanto, no son amigos, pero sí es gente que me sigue en las redes sociales y le interesan mis publicaciones.

Si tuviera un perfil cerrado, me perdería la posibilidad de influir a esas personas. Creo que todos los pastores y líderes deberían tener perfiles abiertos, en donde lo que publiquen lo pueda ver cualquiera; pero aquellas publicaciones que quieran compartir solo con amigos, pues que lo hagan cambiando la privacidad de ese contenido, o bien tengan listas de amigos íntimos y familiares en las cuales compartan ese tipo de cosas. Por ejemplo, todo lo que tiene que ver con fotos de mis hijas solo lo hago público para amigos; pero todo lo que tiene que ver con tecnología y emprendimiento,

DOS DE LOS PROBLEMAS MÁS GRANDES DE LAS REDES SOCIALES SON LA PRIVACIDAD Y LA SEGURIDAD. HOY EN DÍA NO HAY NADA QUE NO PUEDA SER CONTROLADO EN LAS REDES SOCIALES.

lo dejo abierto a todo el mundo. En Twitter, los perfiles son abiertos o cerrados; no hay un término medio. Si bloqueas tu perfil, debes aceptar o rechazar a tus seguidores, y Google no puede interferir con tu actividad en Twitter. En cambio, si lo dejas abierto, todo el mundo puede ver tus actualizaciones y Google indexa todos tus mensajes en el buscador. En Facebook, en cambio, sí podemos atomizar el nivel de privacidad para cada publicación que realizamos.

PRECAUCIONES

Uno de los grandes errores que comete la gente en Internet es publicar datos de contacto que son muy personales, como su dirección y número de teléfono.

Hace relativamente poco, unos bancos en Francia hicieron una campaña en la que ponían a un supuesto vidente a adivinar la vida de las personas. Entonces, solo con preguntarle el nombre a la persona, comenzaba a decirle cuántos hermanos tenía, el tipo de auto o moto, el estado de su cuenta bancaria, lo que había gastado el mes pasado en bebidas alcohólicas, y más. La gente quedaba maravillada, hasta que, de repente, caía un telón detrás del personaje y se veía un grupo de cuatro *hackers* que obtenían su información en las redes sociales, en su cuenta de banco, en sus cuentas de correo... El objetivo de la campaña era concientizar a las personas para que protegieran sus datos en Internet. Por lo anterior, usar Foursquare no está mal, pero poner la ubicación exacta de tu casa y hacer *check-in* ahí todos los días es muy peligroso, de la misma manera con los Facebook *places*.

Subir fotos de tus hijos, sobrinos, novia y similares a las redes sociales no es malo, siempre y cuando las compartas con gente que conoces. Otra de las precauciones sanas es no aceptar la amistad de personas que no conoces en realidad, salvo que vengan recomendadas o tengas suficientes amigos en común. En este sentido, Linkedin lleva la delantera, ya que solo te deja agregar personas que compartieron un trabajo o que estudiaron contigo, o de las que tienes su correo-e.

Muchas veces, la gente que agregamos en las redes sociales no es la que dice ser. Hay personas afectadas mentalmente que crean perfiles con fotos de jovencitas bonitas con tal de que los acepten rápidamente con múltiples objetivos: hacer ingeniería social y conseguir claves de acceso a cuentas de banca electrónica, conseguir información para un posible secuestro o para entrar a robar en tu hogar, o con algún otro motivo perverso.

Si quieres evitar esto, asegúrate de saber muy bien de dónde viene cada persona que aceptas para evitarte problemas serios. En mi caso, no acepto a una persona que no conozca directamente o con la que no tenga amigos mutuos. Prestar atención a estos amigos te puede ahorrar el proceso de filtro al momento de aceptar más personas.

¿EXPRESARNOS O EXPONERNOS?

Debes charlar con tus jóvenes sobre estos temas, para que lo tomen en serio. Si una niña de trece o quince años sube una foto exageradamente provocativa en su muro, lo cual no es para nada sano, lo que logrará es atraer a un montón de personas que desconoce, entre los que se pueden encontrar los enfermos que mencionábamos antes. Cuando eso pasa, es porque nos expusimos. De modo que las redes sociales son un espectacular canal para expresarnos, pero hay que tener mucho cuidado con no exponernos. Por ejemplo, lo hacemos cuando:

OTRA DE LAS PRECAUCIONES SANAS ES NO ACEPTAR LA AMISTAD DE PERSONAS QUE NO CONOCES EN REALIDAD, SALVO QUE VENGAN RECOMENDADAS O TENGAS SUFICIENTES AMIGOS EN COMÚN.

- subimos fotos que no estaríamos dispuestos a mostrar el domingo en la iglesia,
- discutimos diferencias religiosas o de otro tipo,
- expresamos una opinión sin fundamento,
- posteamos comentarios negativos o hirientes, y
- revelamos nuestra información de contacto y ubicación.

Déjame darte un ejemplo más claro. Si posteas en tu muro que todos los homosexuales son aborrecidos por Dios, lo más probable es que si hay alguien que es hermano, amigo o pariente de un homosexual y desconoce la Biblia, se sienta ofendido, herido o juzgado. Cuando haces cosas de este tipo, lo único que generas es rechazo o disputa. Entonces, pregunto: Si hay más de treinta mil versículos con temas mucho más edificantes que puedes compartir en tu *timeline*, ¿para qué exponerte publicando algo así en un espacio donde las personas no tienen pelos en la lengua para responder, donde no necesitas invitarlos a opinar porque ya lo hicieron, en un lugar donde no tienes ni las más mínima idea de la cantidad que puedes afectar?

Hay temas que deben ser hablados cara a cara, en vez de ser llevados a una red social, porque lo único que generan es discusión y pleito virtual. Y todo eso mancha y tiñe lo bueno que podrías ofrecer.

Otro de los puntos es no publicar nada que no puedas sostener. Antes de dar algo por sentado, asegúrate de que sea de buena fuente. Los cristianos estamos permanentemente expuestos y en la lupa, mirados por gente que está esperando que nos equivoquemos o que digamos alguna tontería. Si das cosas por sentadas que luego no puedes argumentar de manera sólida, puedes caer en manos de un *troll* que se encargue de encontrarle la connotación negativa a todo lo que digas, y te haga quedar como un neófito.

Tenemos que aprovechar las redes para expresarnos, marcar la diferencia, ser «cartas vivientes», como decía el apóstol Pablo, en donde la gente pueda leer la Palabra con solo mirar cómo nos movemos.

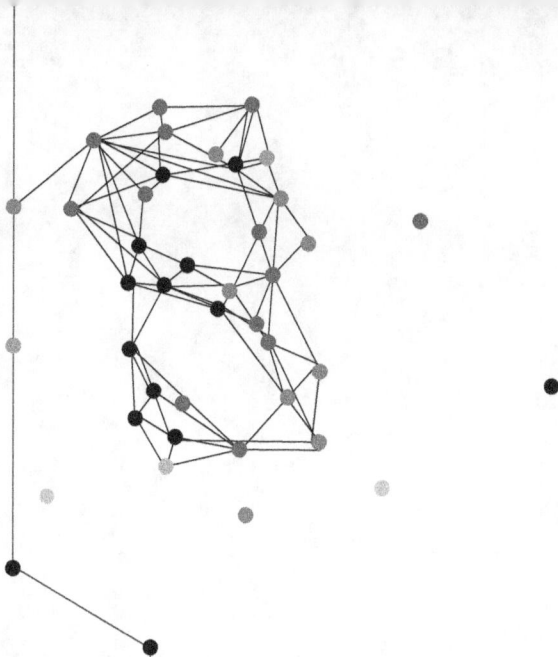

ADMINISTRA CON SABIDURÍA TU TIEMPO EN LA WEB

Una de las quejas más comunes que he escuchado por parte de padres y líderes es la cantidad de tiempo que pasan los jóvenes en las redes sociales.

Antes que los chicos pasaran interminables horas allí, lo hacían mirando Los Simpsons; antes de eso, jugando con el Wii o Xbox, y no por eso culpamos a la TV y la castigamos diciendo que es mala... Que los chicos estén sentados frente a la computadora o el sillón por horas no es un problema que generan las redes sociales o la TV. La Palabra nos enseña: «Por causa del ocio se viene abajo el techo, y por la pereza se desploma la casa» (Eclesiastés 10.18). La razón por la cual Dios dejó escritas cosas como estas hace miles de años atrás es simplemente porque los seres humanos somos perezosos.

DE HECHO, SI LOS LÍDERES Y PADRES FUÉRAMOS ASTUTOS, APROVECHARÍAMOS ESTE NUEVO PASATIEMPO DE LOS JÓVENES PARA SER PARTE DE SU MUNDO Y ENTENDER CUÁLES SON SUS NECESIDADES, IDEALES, LO QUE PIENSAN, CON QUIÉNES ANDAN, Y MÁS.

Te asombrarías de saber la cantidad de horas que un joven pasaba mirando capítulos de caricaturas, o series de TV, o la cantidad de días consecutivos que algunos niños desperdiciaban jugando al *counter-strike* u otros juegos en los cyber-cafés, al punto tal que algunos murieron por estar despiertos tanto tiempo y exigirle a su cerebro tanta atención. Si comparáramos el problema de estar mirando una red social por horas en un monitor Led (lo común en estos días), frente al derivado de hacerlo de la misma manera en la TV que funcionaba a través de rayos catódicos (lo común en aquel entonces), o en un videojuego, pues resulta que es mucho menos serio para la salud estar en las redes sociales. De hecho, si los líderes y padres fuéramos astutos, aprovecharíamos este nuevo pasatiempo de los jóvenes para ser parte de su mundo y entender cuáles son sus necesidades, ideales, lo que piensan, con quiénes andan, y más.

Que seamos una posibilidad tiene que ver con ponernos en los zapatos del otro para entenderlo y ayudarlo a salir de donde está, y para ello debemos embarrarnos si es necesario. Porque para ayudar a alguien, necesitamos identificarnos con su situación, y vivirla desde adentro.

El hecho de que los jóvenes se refugien en distintas prácticas como estas sugiere falta de atención en los hogares, de proyectos, de guía, de ideales, de rumbo... No digo que uno no pueda tener un pasatiempo, pero cuando nuestras actividades son la manera de escapar de nuestras realidades, allí hay un problema. Cuando no elegimos qué hacer con nuestra agenda o tiempo, alguien más lo elige por nosotros. Si como líderes logramos despertar los dones que tienen las personas, que se sientan útiles y aprovechen los talentos que Dios les da, el problema del tiempo que pasan en las redes estará resuelto; o bien, el tiempo ocioso que pasaban allí lo comenzarán a aprovechar para promover sus proyectos.

Ahora bien, si hay alguien que también podría caer en este «problema», eres tú. De hecho, como mi trabajo depende plenamente de las redes sociales, permanentemente tengo los perfiles abiertos y, en ocasiones, me cuesta muchísimo concentrarme en mi trabajo, ya que casi de forma inconsciente me distraigo con lo que publica la gente, y cuando me doy cuenta, cierro la ventana para seguir con mis tareas habituales. Así que tenemos que aprovechar bien el tiempo, como dice la Palabra: «Aprovechando al máximo cada momento oportuno» (Efesios 5.16). Cada minuto de nuestras vidas que pasamos en las redes sin un propósito es un minuto de tu vida que no recuperarás. Cuando hablo de aprovechar el tiempo allí, me imagino algunas cosas útiles que podemos hacer:

- conocer el estado de ánimo de nuestras amistades o de las personas a las que lideramos para saber cómo están y, de esa manera, encontrar el espacio oportuno para darles una mano si la necesitan, para estar disponibles en caso de detectar una necesidad,
- promover un proyecto en el que estén trabajando,
- romper el hielo con personas a las que les quieres hablar de Dios,
- crear la comunidad de nuestra iglesia o reunión de jóvenes, y
- sembrar tiempo en las relaciones que ya tienes.

Tuve la oportunidad de impartir algunos talleres en varios campamentos de jóvenes, y mi mensaje era este: «Aprovechemos bien el tiempo». No podemos darnos el lujo de disfrutar nuestra juventud sin hacer nada relevante por nuestras vidas y pensar que hay mucho tiempo por delante. El tiempo vuela, y mientras que uno antes era competente por haber terminado la preparatoria o la secundaria, hoy en día lo eres si tienes un título universitario o un MBA (Máster en Administración de Negocios). La selección y la carrera laboral comienzan mucho más temprano que antes. Durante los primeros tres años de mi última empresa, tan solo una persona era mayor de treinta años, en un equipo de veinte personas. Y de esos, la gran mayoría estaba titulado, o estaba estudiando y trabajando al mismo tiempo.

> **CADA MINUTO DE NUESTRAS VIDAS QUE PASAMOS EN LAS REDES SIN UN PROPÓSITO ES UN MINUTO DE TU VIDA QUE NO RECUPERARÁS.**

Un año de nuestras vidas que elegimos tomarnos para «pensar qué queremos estudiar», o para «pensar qué queremos hacer en la vida», es un tiempo en el que retrocedemos. Mientras te detienes, el resto sigue avanzando y, por lo tanto, desandas.

Como dice mi amigo Carlos Felizzola: «El único lugar en el que la palabra éxito está antes que trabajo es en el diccionario». Porque vivimos en un mundo cada vez más competitivo, y hay que estar a la altura de las circunstancias. Por eso es fundamental que aprendamos a sacarle provecho a las redes sociales para impulsarnos, abrir puertas, y darle escala global a nuestros proyectos.

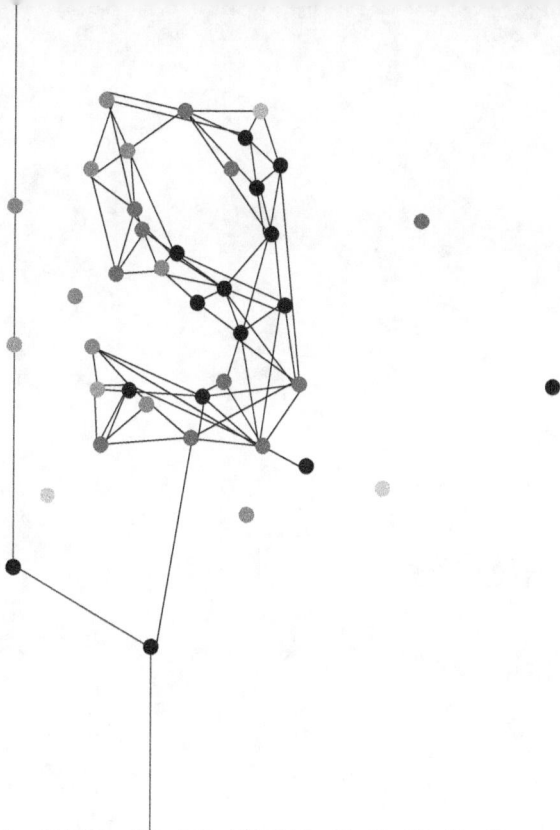

LA IMPORTANCIA DE QUE MARQUES LA DIFERENCIA

Ya sabemos que hay que estar en las redes sociales, invertir tiempo de calidad en ellas y tener cuidado con la manera en la que nos exponemos. Mi pregunta ahora es la siguiente: Si ya las estás usando, ¿qué estás haciendo allí? Luego de varios años de dar conferencias sobre este tema, la anterior interrogante fue clave en las últimas charlas. Al evaluar un poco la situación y la forma en que las personas usan las redes sociales por largos ratos, descubrí que muchas (incluidos los cristianos) las utilizan como un inodoro o basurero en donde cada día van y depositan todo el excremento y la basura que tienen dentro.

¿QUÉ ESTAMOS HABLANDO?

Es verdad, allí tiran las quejas contra sus padres, gobernantes, parejas, pastores, líderes, hermanos, machistas... y cuando esto pasa, somos uno más del montón. Los cristianos no estamos exentos de estas prácticas, porque muchos encuentran allí el espacio donde pueden desahogarse, decir lo que quieran y como quieran. Debemos entender que vivimos en un mundo repleto

INTERNET ES COMO LA MAFIA: LO QUE PASA ALLÍ, SE QUEDA, Y NO PUEDE SER BORRADO.

de información en donde la influencia lo es casi todo. En la antigüedad, cualquiera podía decir una mentira en un pueblo remoto, y nadie se enteraba. Hoy, en cuestión de segundos, ya está en Internet a través de Twitter, Instagram, Facebook o la red social que sea.

Internet es como la mafia: lo que pasa allí, se queda, y no puede ser borrado. Salvo escasas excepciones donde un sitio amenaza la integridad de algún famoso, Google puede retirar los *links* de sus resultados (previa acción judicial en la que se presenten pruebas por el damnificado); pero si el problema tomó vuelo y trascendió las fronteras del sitio en cuestión y ya llegó a todos los blogs más importantes de noticias, adiós privacidad. Para ese entonces, la información se habrá replicado y será imposible escapar de la web.

Hace unos meses atrás, en una conferencia sobre redes sociales para líderes juveniles, se acercó una mujer para pedirme ayuda porque estaba ingresando en el mundo de la política, y le hicieron un complot para desprestigiar su nombre, de tal manera que cuando uno lo buscaba, lo primero que aparecía eran las denuncias en su contra. Así que tenemos que ser muy cuidadosos del contenido que publicamos, porque nunca sabremos hasta dónde nos puede afectar.

Un adolescente que publica un comentario rebelde contra determinado tema puede quedar completamente expuesto a la crítica, a que en el futuro esa publicación le juegue en su contra, como por ejemplo, para conseguir un empleo. Debemos ser respetuosos en la Internet. No tenerle miedo, pero sí respeto, y protegernos de caer en problemas por no pensar dos o tres veces antes de publicar algo. Mi amigo y mentor Esteban Fernández (ex Publisher de Vida y actual director de la Sociedad Bíblica para Latinoamérica) dice que antes de publicar algo en las redes sociales, todos deberíamos hacernos tres preguntas frente a aquello que dirás:

- ¿es necesario?,
- ¿es oportuno?,
- ¿es conveniente?

En otras palabras, ¿hace falta que digas eso? Quizás es muy bueno tu mensaje, ¿pero es el momento oportuno para decirlo o te conviene hacerlo? Tenemos que entender que, con cada mensaje que enviamos, hay una respuesta positiva o negativa, y eso depende de cada uno de los que vayan a escuchar, información que desconocemos completamente a la hora de subir un contenido a Internet.

Como no sabemos quién lo escuchará, a quién podríamos herir u ofender, tenemos que adoptar la sana costumbre de revisar por lo menos tres veces lo que estamos por publicar, ya sea un correo-e, artículo, foto, vídeo, chat, comentario ante una opinión de otra persona, etc. Cada vez que interactúas con alguien virtualmente, donde no tienes la capacidad de regular la entonación ni explicar de otra manera el mensaje si lo toman a mal, estás mucho más expuesto a una mala interpretación. No hay una segunda oportunidad para dar una primera impresión positiva.

No sabes si alguien que no te conoce leerá eso que publicas. De hecho, si un amigo tuyo comparte un mensaje que escribiste (por más que tuvieras configurado Facebook para que únicamente lo vean tus amigos), automáticamente lo vuelve público. Por eso, insisto, siempre debemos tener mucho cuidado. Si te preguntas qué es lo que deberías revisar de tus mensajes (en cualquiera de sus formas), te ayudará esta pequeña guía.

1. *Revisa el propósito del mensaje.* Pregúntate para qué quieres decir eso. ¿Buscas generar algo con ese mensaje? Un ministro cristiano dijo alguna vez: «Si no tiene nada edificante para decir, no diga nada».
2. *Revisa la redacción de tu mensaje.* Algo mal escrito genera un resultado no esperado. No ahorres caracteres en tu mensaje. Si es necesario, explica bien lo que quieres decir con todas las palabras que necesites, para que el mensaje produzca lo que realmente esperas. Luego de terminarlo, pregúntate si tus objetivos quedaron bien claros; es decir, si eso lees es justamente lo que deseas que entiendan.

> ## NO HAY UNA SEGUNDA OPORTUNIDAD PARA DAR UNA PRIMERA IMPRESIÓN POSITIVA.

3. *Revisa las faltas de ortografía.* Un mensaje mal escrito, con faltas de ortografía, automáticamente le quita autoridad al autor, también seriedad, y puede agregarle una connotación completamente negativa al mensaje. Por ejemplo, si pones un mensaje sobre el éxito que se obtiene al obedecer al Señor, pero tu mensaje reboza de faltas ortográficas, de inmediato uno podría pensar: «Antes de sentarte a hablar de éxito, capacítate y aprende a

escribir». Si no eres bueno en gramática, aprende, busca en Internet. Puedes poner el mensaje en un procesador de texto como Word, Pages u Open Office y pasarle la revisión de ortografía. Y si todavía así tienes duda de cómo se escribe una palabra, puedes escribirla en Google y te aparecerá una sugerencia distinta si es que la escribiste mal. Luego puedes cerciorarte en la página de la Real Academia Española (http://www.rae.es/rae.html).

4. *Ponte del otro lado.* Asume el papel del lector de tu mensaje, e intenta darle una interpretación negativa: búscale el quiebre al mensaje, aquella forma de tomarlo negativamente. Si la encuentras, debes ajustar el mensaje para que sea más explícito. Cuando contratamos en mi empresa a uno de los periodistas más influyentes de Argentina para que nos diera una capacitación de medios: cómo prepararnos para entrevistas, cómo sentarnos, responder, movernos... nos costó mucho, pero fue superinteresante. Él nos mostraba ejemplos sobre cómo un periodista puede tomar un hecho aislado y hacerlo decir lo que él quiera a partir de palabras que para uno eran completamente positivas. Ni te imaginas con quién estarás lidiando luego de escribir lo que piensas. De modo que asegúrate de que cause el menor efecto negativo posible.

Si al menos uno de estos puntos resalta cuando analizas tu mensaje, revísalo hasta que quede lo suficientemente prolijo, antes de publicarlo. Además, satisface las tres preguntas de Esteban Fernández que vimos antes.

Desde un principio, mi interacción con las redes sociales tuvo un objetivo netamente comercial y estratégico: allí tenía los clientes, contactos que necesitaba para conseguir nuevos clientes o desarrollar proyectos juntos, o para que me invitaran a dar conferencias, y así podría hacer crecer mi currículum. Al tener este tipo de gente, tuve que aprender a ser supercuidadoso con aquello que decía. Tiempo después, mi familia y mis amigos conocieron Facebook, y para cuando esto pasó, ya tenía la disciplina de revisar tres veces todo lo que publicaba, y eso me ayudó no solo a evitar problemas, sino a construir una imagen pública «interesante», o por lo menos «respetable».

Si lo que publicas es más de lo mismo, con comentarios negativos, seguirás incrementando la basura que hay afuera. Tal vez no publiques contenido negativo, pero si tu mensaje está expresado en el momento equivocado, puede ser aun peor que poner algo negativo. Hace un tiempo atrás estaba en Orlando, Florida, a punto de dar una conferencia, y afuera se acercaba un huracán que sacudía los árboles y las palmeras increíblemente. Para el momento en que esto sucedía, en mi oficina en Buenos Aires estaba gran parte del equipo y trabajaba en un proyecto importantísimo, y yo, a la distancia, lo coordinaba poniéndoles fechas de entrega superajustadas. No podía evitar dar esa conferencia, por lo cual tuve

TAL VEZ NO PUBLIQUES CONTENIDO NEGATIVO, PERO SI TU MENSAJE ESTÁ EXPRESADO EN EL MOMENTO EQUIVOCADO, PUEDE SER AUN PEOR QUE PONER ALGO NEGATIVO.

que viajar, sí o sí. El punto es que mientras observaba desde el hotel las palmeras sacudidas y les sacaba fotos minutos antes de mi charla, se me ocurrió postearlo en Facebook. Ya tenía todo listo para publicarlo, pero cuando hice la segunda revisión, me di cuenta que le estaba pidiendo concentración y esfuerzo a mi equipo, pero minutos después publicaría una foto sobre una palmerita doblada por el viento. Entonces suspendí la publicación, y la dejé para otro momento.

Como pueden ver, no había nada de malo con esa publicación, pero simplemente no era el momento oportuno para hacerlo. Debía dar ejemplo.

10

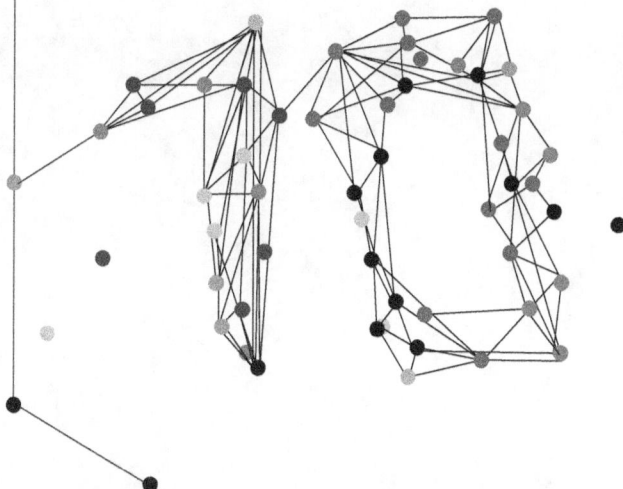

APRENDE A
MANEJAR UNA
COMUNIDAD
EN LA WEB

Wikipedia define a una comunidad virtual de la siguiente manera: «Se denomina *comunidad virtual* a aquella comunidad cuyos vínculos, interacciones y relaciones tienen lugar, no en un espacio físico, sino en un espacio virtual como Internet».

Cuando nacieron las redes sociales, inicialmente solo permitían tener perfiles de usuarios, que representaban personas reales, que tenían fotos, que contaban en qué estaban pensando... pero poco tiempo después se agregó la figura de la página de *fans*. Cuando las marcas descubrieron esto, rápidamente empezaron procurar conseguir *fans* dentro de las redes sociales, y lo hicieron invirtiendo dinero en aplicaciones y anuncios que les permitieran tenerlos. Antiguamente, uno hacía anuncios de publicidad en Google para derivar tráfico a nuestro sitio. Por ejemplo, Coca Cola lanzó una nueva línea de productos y puso *banners* en anuncios de Google para que la gente fuera a su web. Lo increíblemente interesante que pasó con Facebook fue que las marcas comenzaron a invertir en anuncios de Facebook, para mandar tráfico a su *fan page* dentro del mismo Facebook. Es decir, que le pagaban a un sitio para que les mandara gente a una página dentro del mismo sitio. Esto revolucionó la forma de hacer *marketing* en Internet.

> **«SE DENOMINA COMUNIDAD VIRTUAL A AQUELLA COMUNIDAD CUYOS VÍNCULOS, INTERACCIONES Y RELACIONES TIENEN LUGAR, NO EN UN ESPACIO FÍSICO, SINO EN UN ESPACIO VIRTUAL COMO INTERNET».

Otra de las cosas que revolucionó bastante fue la capacidad de segmentar la publicidad que se enviaba. Porque mientras que antes uno ponía un cartel en la vía pública o una pauta en radio o TV sin saber quién los miraría, con Facebook uno puede especificar el segmento para que llegue únicamente, por ejemplo, a jóvenes de 23 a 27 años, que tengan novia, que sean varones, y que hayan dicho me gusta a una página determinada.

Esto asegura lo que se llama «conversión», que es la cantidad de gente que hace clic en un anuncio y luego termina convirtiéndose en un cliente.

Estas herramientas revolucionaron la inversión de marketing y publicidad online a nivel mundial. Al principio, todo se trataba de acumular *fans*, pero de repente un día apareció un número interesante llamado *talking about this:* porcentaje de gente que habla de lo que sucede en la página, ya sea con *likes*, comentarios o gente que comparte las publicaciones de la marca. Este número se volvió superrelevante para quienes administran las páginas, ya que eso nos habla de la calidad de fans que tenemos: si solo están ahí para participar en los concursos y promociones, o si son reales y fieles a la marca.

Con el nacimiento de las redes sociales, también lo hicieron nuevos puestos de trabajo, llamados *social media manager, social media gurú, social media expert,* y más. Estos «expertos del social media» (social media viene de medios sociales, en referencia a las redes sociales) simplemente son personas que saben cómo crear un perfil en una red social, crear una página y una cuenta de Twitter. En algunos casos, los más avanzados, hasta se dedicaban a conseguir seguidores para las marcas.

Al principio fueron bien recibidos, pero de repente Internet se llenó de ellos y cada persona que sabía crear una página en Facebook (y vale la pena aclarar que no se trataba de ser experto en física nuclear ni ciencia de los cohetes), de repente se cambiaba el *headline* o encabezado de su currículum a «experto en redes sociales», y se terminó desfigurando ese rol.

No fue sino hasta seis u ocho años después que salieron las redes sociales que se consolidó el rol para este tipo de personas, ahora llamados *community manager* (administrador de comunidad). Estas personas se encargan de administrar los perfiles de las redes sociales que tienen una marca, artista, producto... Son quienes escuchan a la comunidad detrás de esa marca, y trabajan para hacerla crecer y retener a los actuales seguidores que ya tienen. Manejan la cuenta de Twitter, la de Google Plus, la de Facebook, y se encargan de crear contenidos con los cuales generan conversación y participación de los seguidores; y con buenas estrategias logran que las páginas crezcan orgánicamente en cantidad de seguidores al usar estrategias virales.

Nuestra capacidad de generar influencia es directamente proporcional a la cantidad de seguidores que tenemos, y si queremos ser una iglesia influyente en las redes sociales, debemos tomar en serio nuestra forma de manejarlas, tanto en nuestras cuentas personales (de eso hablamos en los capítulos anteriores), así como en las de la iglesia.

A fines de 2012 di una conferencia sobre redes sociales a líderes de jóvenes, y les pregunté a unos doscientos de ellos si tenían un *community manager* en sus iglesias. Tan solo dos o tres manos se levantaron tímidamente entre los asistentes. Mi desafío, al final de la presentación, fue que todos entendieran la importancia de tener administradores de comunidad en sus iglesias y de que aprovecharan la facilidad que tienen los jóvenes para relacionarse positivamente con la tecnología. El mismo desafío lo tengo ahora contigo. Así que permíteme contarte por qué creo que debes tener uno o más *community managers* en tu iglesia.

NUESTRA CAPACIDAD DE GENERAR INFLUENCIA ES DIRECTAMENTE PROPORCIONAL A LA CANTIDAD DE SEGUIDORES QUE TENEMOS.

¿POR QUÉ ES IMPORTANTE TENER UN *COMMUNITY MANAGER?*

La primera respuesta que se me ocurre es porque la comunidad ya está ahí. Antes que las marcas decidieran tener un perfil en las redes sociales, los fanáticos de las mismas ya los habían creado, y las mismas tuvieron que reclamar ante las redes sociales para que fueran dados de baja. Antes que los famosos tuvieran sus perfiles en redes sociales, ya tenían decenas de perfiles *fake* o falsos que habían creado los seguidores. Antes que tu iglesia o tu pastor tengan un *community manager*, es probable que alguno de los jóvenes de tu congregación ya haya creado una página de tu iglesia o de tu pastor, y es muy probable que ya tenga fans.

Las comunidades son como los hongos. Están ahí latentes hasta que se dan las condiciones apropiadas para unirse y multiplicarse. Aquellas personas que podrían ser seguidoras de tu pastor o de tu iglesia muy probablemente ya se encuentren en Facebook; pero si no hay alguien que se encargue de conectarlas con dichos perfiles, jamás se enterarán. Tu iglesia necesita de al menos un *community manager*, pero preferiblemente muchos más que uno, ya que la tarea de los mismos no es fácil, y pasaré a describirte cuál es el trabajo de estas personas, de modo que entiendas el potencial y el valor que agregan.

¿CUÁLES SON LAS TAREAS QUE DESARROLLA UN *COMMUNITY MANAGER*?

Ya las mencionamos anteriormente, pero déjame repasar contigo los puntos más importantes sobre las actividades de los mismos, y por qué es importante que existan:

MANEJAN LA COMUNICACIÓN

Donde hay comunidad es inevitable que haya comunicación. Si juntas personas en un lugar, tarde o temprano comenzarán a hablar entre ellas, y ni hablar si les das tema de conversación.

Los contenidos que subimos en los perfiles o páginas en las redes sociales son sujeto de conversación todo el tiempo. Parte de la tarea del administrador de comunidad es asegurarse de que las conversaciones sean positivas, o que al menos siempre terminen bien. Muchas veces las personas no están contentas con las marcas; otras veces, con las opiniones o comentarios de los pastores; y otras, con la vida. Por lo tanto, se quejan y van en contra del mundo. Algunos otros lo hacen por diversión, a los que llamamos *trolls*, personas que realmente quieres evitar, porque te persiguen y están permanentemente publicando cosas en contra de uno. La forma de evitarlos es bloquearlos e ignorarlos, y luego denunciar sus cuentas en las redes sociales a través de los procesos formales, sin pelear con ellos verbalmente. Sin embargo, no todos son *trolls*. Otras veces son personas con dudas que necesitan respuestas, que tienen comentarios positivos que son dignos de destacar, con ideas

> **DONDE HAY COMUNIDAD ES INEVITABLE QUE HAYA COMUNICACIÓN. SI JUNTAS PERSONAS EN UN LUGAR, TARDE O TEMPRANO COMENZARÁN A HABLAR ENTRE ELLOS, Y NI HABLAR SI LES DAS TEMA DE CONVERSACIÓN.**

buenas que debemos escuchar, y otro montón más con las que debe interactuar el *community manager*, para luego filtrar todo eso. Y muchas veces no sabe cómo responder. En esos casos es bueno que tengas un equipo para discutir ideas y un supervisor que te ayude a encontrar una respuesta adecuada y respetuosa para que puedas ofrecer siempre.

Muchas veces la tentación de un *community manager* es borrar los comentarios negativos, pero eso nunca es bueno, y por varias razones. Si publicaron algo negativo, la gente «buena» lo verá, y esperará que alguien responda. De modo que si borras el comentario, podría significar varias cosas: que no puedes responder por alguna razón oscura, o porque lo que dice la persona es real y no tienes la capacidad de manejar un comentario negativo. Así que debes responder siempre y nunca borrar, o la persona seguirá hablando mal de ti o de tu pastor, y el daño será mayor.

CREAN CONVERSACIONES

¿Quieres revisar si eres un buen *community manager*? No mires la cantidad de fans, sino el porcentaje de gente que habla de eso; ese dato no miente.

Para construir una comunidad que interactúe cotidianamente con una marca, primero debes construir una marca que interactúe cotidianamente con su comunidad. Si cuando lees el *timeline* del pastor o de la iglesia en las últimas diez publicaciones, nueve son afirmaciones o versículos, créeme que eso no tendrá buen resultado. Entonces el *community manager* debe abrir el espacio de conversación, plantear intrigas, debates y generar temas en los que la gente pueda participar opinando. Además, debe plantear buenas preguntas, y entender el arte de hacerlas. Porque si nueve de cada diez publicaciones son preguntas, es muy probable que tu porcentaje de gente que interactúa sea muy interesante. Para esto, una buena práctica que debe asumir el *community manager* es estar al tanto de la realidad y saber qué cosas están pasando en el mundo en este momento para abrir el debate en el cual cristianos y no cristianos puedan exponer sus opiniones y nazca la conversación; saber qué fechas importantes se acercan para programar publicaciones con tiempo, y utilizar recursos multimedia que ilustren gráficamente lo que quieres decir, preguntar o generar.

Hay muchas herramientas online que te permiten programar *posteos* a futuro, que se encargan de realizarlos automáticamente en esa fecha sin que tengas que estar presente para ello. Una de esas herramientas es Hootsuit, tal vez la más utilizada, la cual te recomiendo que pruebes.

GENERAN CONTENIDO DE CALIDAD

Si repites *posteos*, si todo es Biblia, si todo lo que publicas son comentarios que hizo el pastor en el servicio del domingo, tal vez consigas *likes* y comentarios, pero eso no quiere decir que tengas una comunidad; solo tienes un montón de fans del pastor. Puedes aprovechar las comunidades para entender qué es lo que le está pasando a la gente, qué proyectos o necesidades tienen, o qué piensan. Puedes aprovechar las redes sociales para buscar consejos, opiniones... y en aquellas conversaciones que creas convenientes, puedes encontrar argumentos para tomar buenas decisiones.

PLANIFICAN

Tienes que planificar el contenido y las conversaciones que quieres generar. En mi empresa hemos hecho el *community managging* de muchas marcas de primer nivel internacional. Para ello había un equipo que estaba constantemente pensando estrategias, y cómo hacer para generar contenidos que abrieran el juego a la interacción. A veces de los comentarios de las personas en las páginas surgían nuevas ideas de campañas a realizar, encuestas, votaciones, juegos, concursos, etc. Para

PUEDES APROVECHAR LAS COMUNIDADES PARA ENTENDER QUÉ ES LO QUE LE ESTÁ PASANDO A LA GENTE, QUÉ PROYECTOS O NECESIDADES TIENEN, O QUÉ PIENSAN.

que te des una idea, muchas marcas de primer nivel mundial le permitieron opinar a sus seguidores sobre su próxima versión del logo para la compañía y, con base en las opiniones, tomaron la decisión.

USAN «SOCIAL TOOLS»

Un estudio de 2011, realizado a una cantidad considerable de agencias de publicidad de todo el mundo, mostró que la herramienta más útil para conseguir seguidores son las promociones. Por lo menos el cincuenta por ciento de los fans que obtenían para las marcas se alcanzaban a través de ellas. De hecho, esta fue la razón por la cual creamos The Fan Machine, porque veíamos un mercado muy explotado en Estados Unidos, pero completamente virgen en Latinoamérica, en donde faltaba una plataforma para correr promociones en Facebook, en el lenguaje del *community manager* y de los usuarios de la página. Hoy, nuestra plataforma se encuentra disponible en ruso, inglés, francés, español y portugués, y cuenta con más de diez mil páginas que corrieron promociones con nosotros.

Así que el *community manager* es un promotor de la visión de la marca, iglesia, pastor; es alguien que debe estar comprometido con el nivel de contenido que publica, pero también tiene que saber incentivar a los usuarios a participar e interactuar.

Con muy poco dinero (en muchos casos gratis) puedes utilizar plataformas como estas que te permiten promover concursos. Puedes promover uno donde los usuarios tengan que subir imágenes, vídeos, comentarios, a fin de que los amigos voten, y con esto logras que nuevas personas conozcan el nombre de tu iglesia e interactúen, lo cual aumenta el porcentaje de *engaging* o compromiso con la marca.

Por otro lado, la mayoría de estas plataformas tienen un elemento llamado *fan gate* o *fan blocker*, que restringe la posibilidad de participar de las promociones y concursos a aquellos usuarios que no sean fans, lo cual aumenta la cantidad de conversiones de usuarios que no son fans para que se vuelvan uno de ellos, a fin de que puedan participar o votar en las participaciones de sus amigos.

Aparte de las promociones, concursos y juegos, los *community managers* pueden utilizar plataformas de aplicaciones sociales. Generalmente son para *fan pages* de Facebook, o para utilizar aplicaciones de Twitter, y nos permiten ejecutar encuestas, registrar personas con formularios de contactos, embeber el contenido de Twitter, YouTube, un blog u otras páginas dentro de la *fan page* de Facebook, así como muchas otras integraciones con otras plataformas sociales. Este tipo de plataformas van cambiando permanentemente, por lo cual el *community manager* debe pasar tiempo investigando nuevas herramientas y participando en foros y grupos de gente que hace lo mismo, donde encuentran sugerencias y las últimas tendencias.

MIDEN

También se encargan de medir permanentemente el impacto que tiene cada una de las acciones que realizan. Cada resultado de *posteo*, imagen o concurso lo estudian para saber cuánta gente participó, cuántas personas nuevas llegaron de cada acción, cuánta gente comentó y compartió, cuántas visitas tuvo cada contenido subido, y cuál fue la repercusión de la gente con la acción (si positiva o negativa). Con base en estos resultados miden qué tipo de acciones funcionan mejor, para repetirlas con alguna variante o para no hacerlo en caso que haya tenido algún impacto negativo. Y hay distintas herramientas que pueden utilizarse, pero la fundamental son los *Facebook Insights*, que nos permiten conocer más sobre nuestra comunidad: de dónde provienen, cantidad por sexo y edades que nos siguen, las veces que comparten o comentan contenidos, los gráficos sobre cómo van cambiando estos números a lo largo del tiempo, y mucho más.

PUBLICITAN

A su vez, corren anuncios o *ads (advertisements)*, ya sea en Google o Facebook. A veces hay un certamen, un nuevo libro, CD, producto o algo que necesitamos anunciar, y necesitamos derivar tráfico rápidamente a esa noticia. Hay distintos tipos de *social ads* en Facebook: *ads* directos, donde uno pone un *link* y una imagen, define un segmento de edad, sexo, ubicación y más; hay otros como los *sponsored stories*, donde uno puede darle relevancia a un contenido del *timeline* de la página para que permanezca con mayor visibilidad en el *wall*, o para que se vea como un *sponsored story* en la columna de los *ads* de la derecha. También pueden correr *social ads* a través de la interacción de nuestros amigos, con una aplicación o marca, y automáticamente se publica un anuncio que dice que varios amigos tuyos ya son fans de tal marca, y te invita a convertirte en otro más. O bien muestra una publicación que dice que algunos amigos tuyos, con su nombre y foto, están participando de tal concurso, etc.

No obstante, si bien correr *ads* puede ser una solución para conseguir tráfico, no es una buena estrategia a largo plazo, porque es algo que debe ser utilizado para un momento y una acción en particular. De modo que si el *community manager* hace bien su trabajo, tarde o temprano tendrá una comunidad creciente que interactúa fuertemente, lo cual es la mejor estrategia a seguir.

CONCLUSIÓN

Una red social sin gente, se muere; así como le puede pasar a una iglesia. Innumerables redes sociales fracasaron al intentar replicar a Facebook. Por no tener usuarios, desaparecieron. Las redes sociales fuertes, como las que hemos presentado en este libro, han librado cientos de batallas por sobrevivir, y luego de muchos años lograron establecerse y consolidarse, por lo cual, si eres de esos que crees que desaparecerán, te conviene cambiar tu paradigma y empezar a pensar tus estrategias en función de las mismas.

El día que renuncié a mi último trabajo para crear mi empresa de desarrollo de aplicaciones sociales, mi jefe me dijo: «Las redes sociales son una moda. Te vas a morir de hambre de nuevo. No quieras volar más alto de lo que puedes». No obstante, el tiempo demostró que son una herramienta, y que si las investigamos y aprovechamos, podemos encontrarles utilidades increíbles para nuestra vida personal y el ministerio.

Los jóvenes ya lo hicieron, y encuentran allí distintos tipos de actividades que les interesan y que los mantienen cautivos. Debemos participar para entender desde allí cómo piensan, qué necesitan, qué tienen para dar, mientras los esperamos en la iglesia el sábado por la tarde para que nos cuenten sus problemas, cosa que rara vez sucede. Debemos ser astutos y motivar a nuestros jóvenes, permitirles innovar y desarrollar cosas nuevas en la iglesia para mantenerlos desafiados y permitirles que se sientan útiles. Y las redes sociales son un excelente ámbito para lograrlo.

Si los de tu iglesia todavía no permiten el uso de redes sociales, préstales este libro a ellos y tu pastor para que puedan entender. Muchas veces el problema de que el pastor no entienda es porque nadie se sentó a explicarle.

Si en tu iglesia se permiten las redes sociales, pero las utilizan para controlar que sus fieles no pequen, que tengan cuidado, porque los jóvenes necesitan dirección, pero no control. Tienen que motivarlos, y se hace en las redes sociales con ejemplos en cada mensaje, comentario, foto...

Si en tu iglesia ya lograron entender el potencial de las redes sociales y le están sacando el jugo al máximo, compártelo. Invita a pastores de jóvenes de otras congregaciones a tomar un café y cuéntales qué es lo que estás haciendo para que puedan tomar ideas y aporten a ello.

Las iglesias de los primeros tiempos se destacaban por una particularidad: tenían en común todas las cosas y vivían en unidad. Las redes sociales nos permiten conectarnos y estar más cerca de los demás. Así que tomemos esta oportunidad increíble que nos regala la tecnología para desarrollar nuevos vínculos tanto con nuestros fieles como con otros pastores o líderes.

Hay una imagen que desarrolló un pasante de Facebook hace unos años, donde dibujó sobre un fondo negro una línea blanca por cada conexión que había entre dos personas en la red. Nacía en la ubicación del primero y terminaba en la ubicación del segundo. Sorprendentemente, luego de dibujar todas las líneas entre los usuarios, apareció dibujado entre esas conexiones un mapa del mundo casi perfecto. En cada una de esas líneas hay una oportunidad. Allí está la posibilidad de salvar una vida, de llevar el mensaje de salvación, de enseñar sobre el perdón, de mostrar algo distinto, de llevar la luz de Dios.

Nacimos para estar conectados con otros, y tienes la oportunidad de hacerlo de una manera nunca antes vista. Así que te invito a que pongas en práctica los consejos de este libro y que luego me cuentes cómo te fue.

Puedes hacerlo escribiéndome a mi e-mail: paterlinimatias@gmail.com o siguiéndome en las redes sociales: Facebook: http://facebook.com/paterlinimatias | Twitter: http://twitter.com/paterlinimatias | Linkedin: http://linkedin.com/in/paterlinimatias | Pinterest: http://pinterest.com/paterlinimatias/.

REFERENCIAS
BIBLIOGRÁFICAS

Biblia de referencia: Nueva Versión Internacional (NVI). http://www.biblica.com/nvi/.

Lanzamiento de la plataforma de aplicaciones de Facebook (2007): http://techcrunch.com/2007/05/24/facebook-launches-facebook-platform-they-are-the-anti-myspace/.

Artículo sobre las primeras elecciones de Obama: «How Chris Hughes Helped Launch Facebook and the Barack Obama Campaign (2009)»: http://www.fastcompany.com/1207594/how-chris-hughes-helped-launch-facebook-and-barack-obama-campaign.

Estadísticas de Facebook en América Latina (2012): http://www.slideshare.net/GldyJuan/facebook-latin-america-stats-august-2012.

Social Bakers, sistema de estadísticas de redes sociales: http://www.socialbakers.com/

Alt1040. (2012). Tabletas sin profesores para niños en Etiopía demuestran el aprendizaje por sí mismos. Extraído de: http://alt1040.com/2012/11/tablets-sin-profesores-ninos-aprendizaje.

Frase de Tim Keller (2012): https://twitter.com/DailyKeller/status/281449221306060802.

Wikipedia, la enciclopedia de contenido libre que todos pueden editar. http://es.wikipedia.org/.

Plataforma de desarrollo en Facebook: http://developers.facebook.com/.

Plataforma de desarrollo en Twitter: https://dev.twitter.com/.

si
trabajas
con jóvenes
nuestro
deseo es
ayudarte

EJ Especialidades
Juveniles.com

101 preguntas difíciles
101 respuestas directas

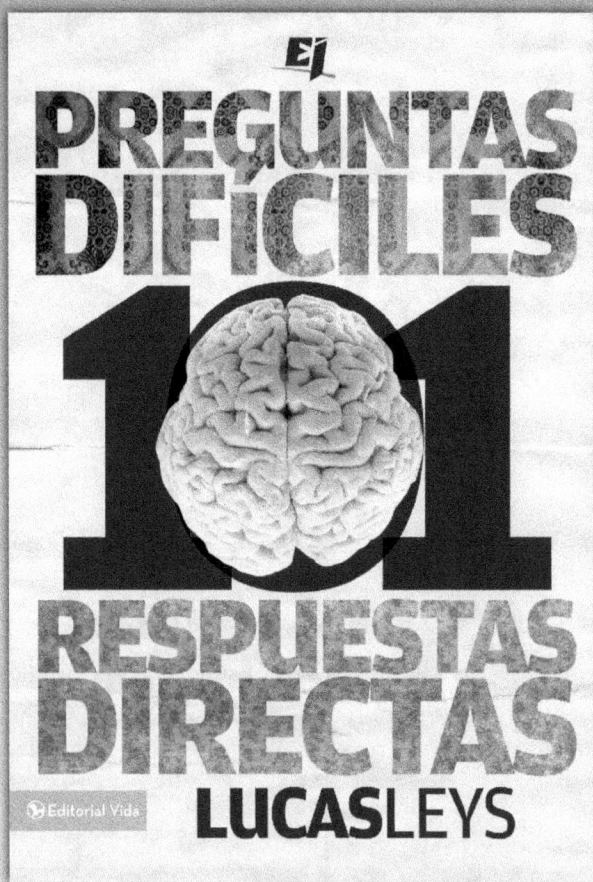

Ei

PREGUNTAS
DIFÍCILES
101
RESPUESTAS
DIRECTAS

Editorial Vida   **LUCAS**LEYS

Lucas Leys

Desafía al futuro

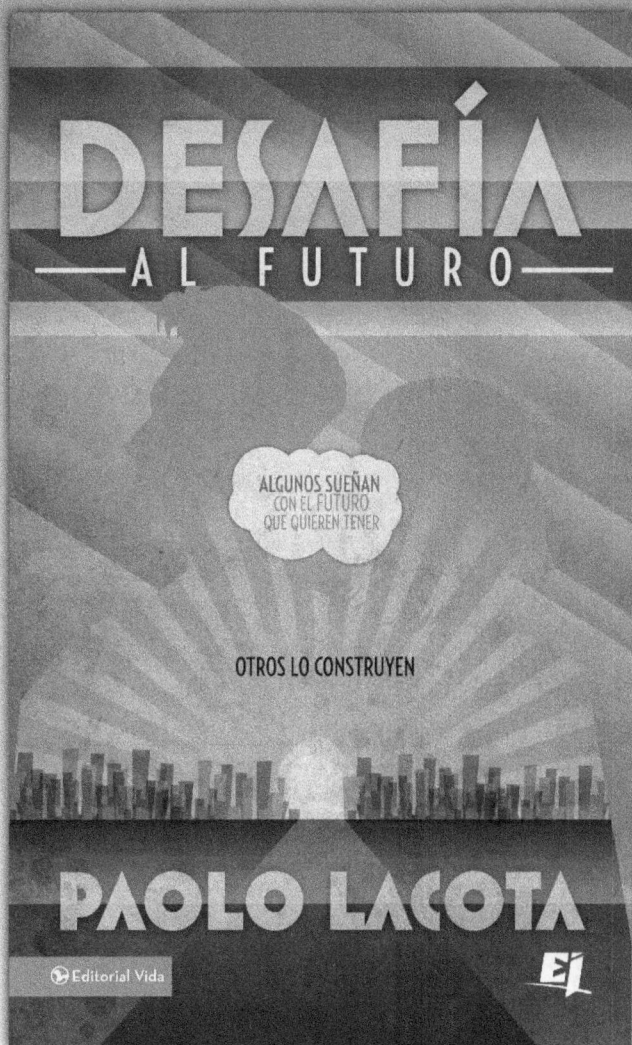

DESAFÍA
AL FUTURO

ALGUNOS SUEÑAN
CON EL FUTURO
QUE QUIEREN TENER

OTROS LO CONSTRUYEN

PAOLO LACOTA

Editorial Vida

Paolo Lacota

Lo que todo líder debe saber de sus jóvenes

SERGIO VALERGA

EL

LO QUE TODO LIDER DEBE SABER DE SUS JÓVENES

Editorial Vida

Sergio Valerga

Nos agradaría recibir noticias suyas.
Por favor, envíe sus comentarios
sobre este libro a la dirección
que aparece a continuación.
Muchas gracias.

Editorial Vida®
.com

vida@zondervan.com
www.editorialvida.com